David Zinn

Vorsicht an der Bordsteinkante!

Neue Streetart

Aus dem Amerikanischen
von Angelika Arend

mitteldeutscher verlag

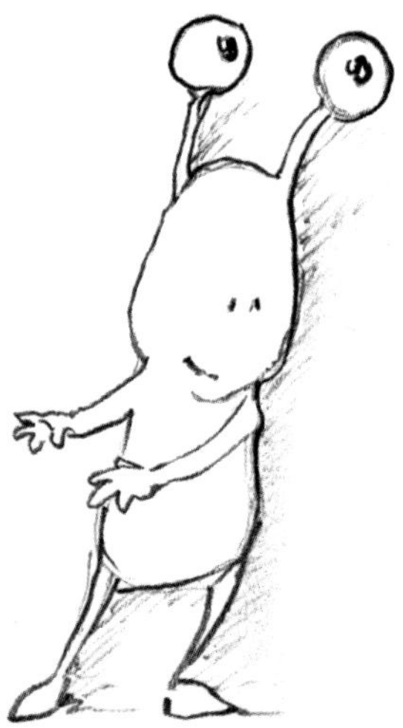

Für alle deine imaginären Freunde
von all den meinen

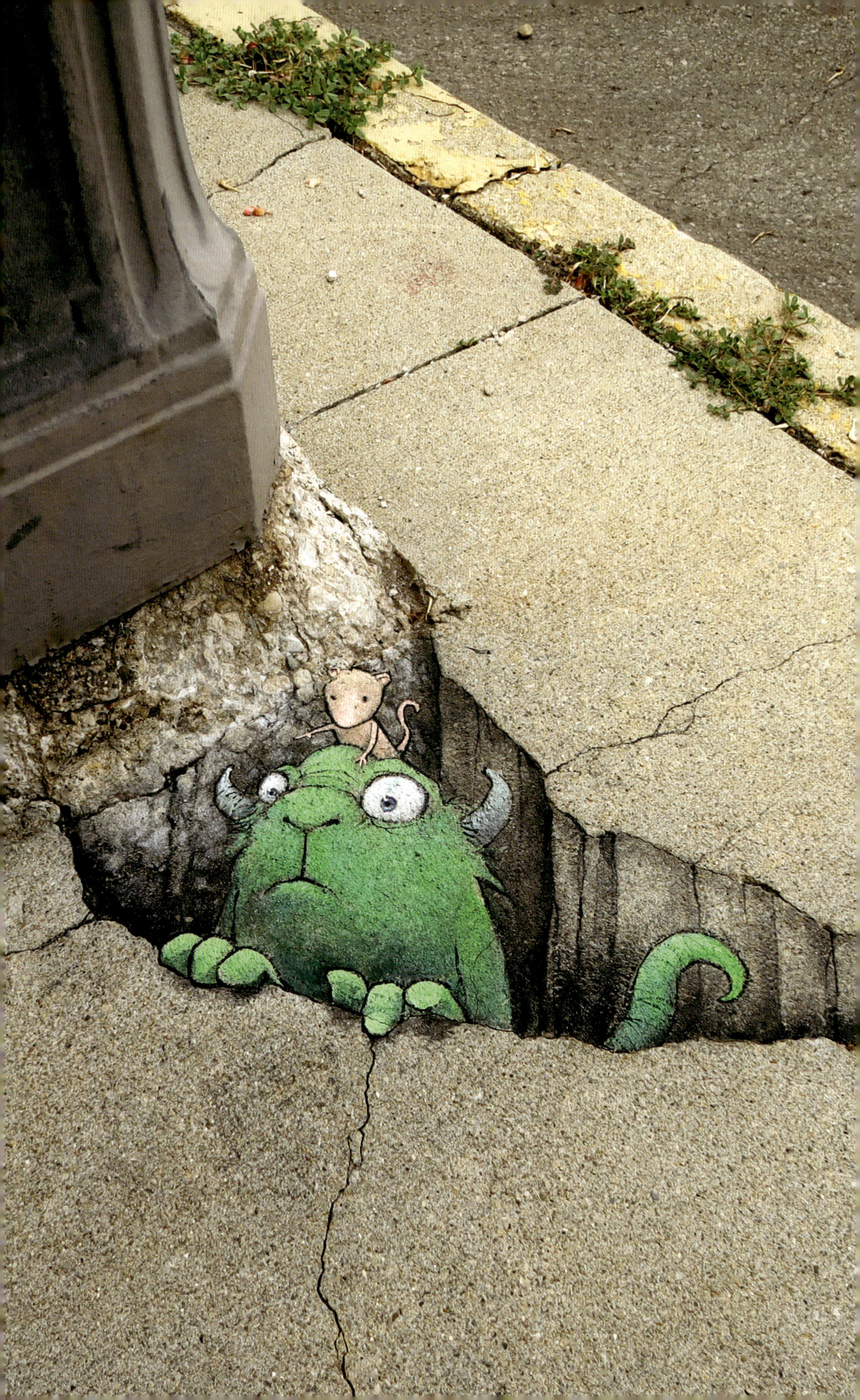

Inhalt

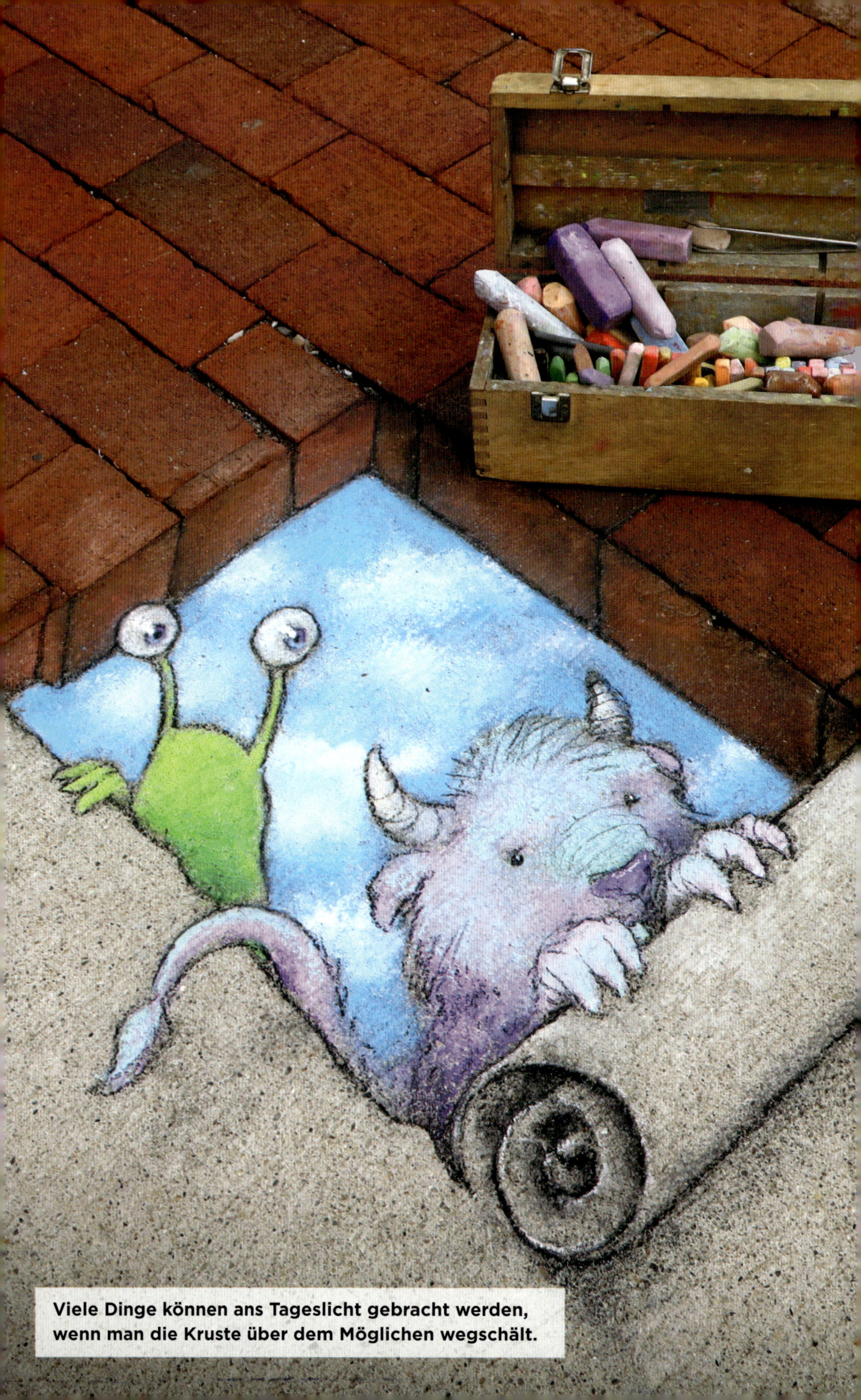

Viele Dinge können ans Tageslicht gebracht werden, wenn man die Kruste über dem Möglichen wegschält.

Warum Kreide?

Mein Name ist David Zinn, und ich zeichne schon länger, als ich mich erinnern kann. Du auch.

Selbst wenn du zu den Menschen gehörst, die sagen: „Ich habe nie in meinem Leben irgendetwas zeichnen können, niemals“, so hat es doch in deiner frühen Kindheit einen Zeitpunkt gegeben, wo du gelernt hattest, einen Crayon in der Hand zu halten (oder einen Stift … oder ein spitzes Stöckchen, wenn deine Eltern mal nicht aufpassten), obwohl du noch Monate davon entfernt warst, schreiben zu lernen. Und was, glaubst du, hast du als Kleinkind gemacht mit deinem Tatendrang und dem frisch entdeckten Talent, Spuren in der Welt zu hinterlassen? Du hast gemalt.

Du hast gemalt, du hast gezeichnet, ohne zu zweifeln oder zu zögern, denn so machen das die Kinder; unerschütterliches Selbstvertrauen ist eine der hervorragendsten Eigenschaften kleiner Kinder. Ich habe gesehen, wie ein Vierjähriger mit einem einzigen Stift in weniger als einer Stunde einen ganzen Stapel Papier in Kunst verwandelt hat.

Wenn Erwachsene beim Anblick eines Gemäldes in einer Galerie sagen: „Das hätte mein Kind machen können“, dann haben sie Recht, aber nicht so, wie sie denken. Jeder Künstler, den ich kenne, bemüht sich geradezu verzweifelt darum, die Selbstgewissheit wiederzufinden, mit der wir alle, als wir noch Kinder waren, Kunst geschaffen haben.

Hier kommt die Kreide ins Spiel. Kreide ist das zweitbilligste Zeichenwerkzeug, das es gibt. (Holzkohle ist das allerbilligste, obwohl ein verbrannter Zweig kaum zu schlagen ist.) Kreide kann man leicht bekommen, sie lässt sich aus der Kleidung auswaschen, und wenn du sie zerbrichst, hast du gleich doppelt so viel. Noch nie hat sich jemand gesagt: „Na sicher, ich würde gern mal was auf den Bürgersteig malen, aber ich weiß nur nicht, wie das mit diesem Kreidezeug funktioniert.“

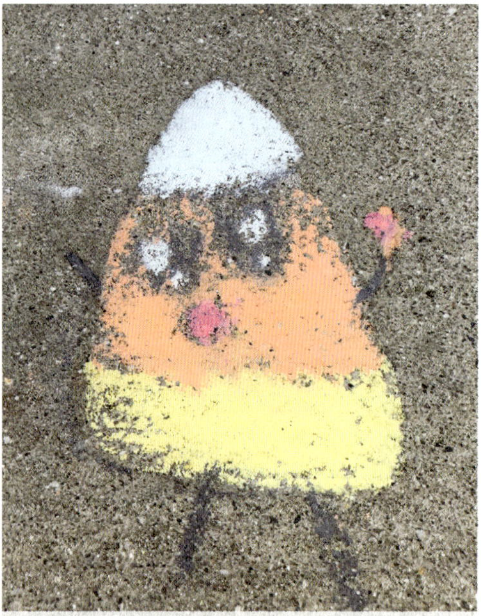

Zuckermais macht PBPBPBTH
von Lula June Cook und David Zinn

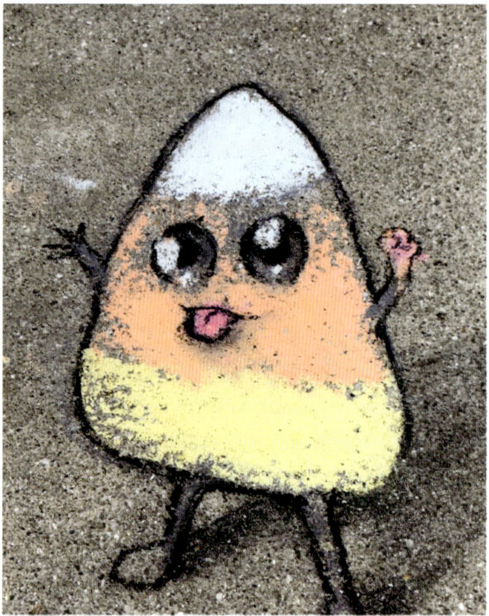

Zuckermais
von Lula June Cook

In den späteren Jahren meiner Kindheit und bis hin ins frühe Erwachsenenalter hat die Vorstellung, Kunst schaffen zu müssen, mir Angst eingeflößt. Ich habe leidenschaftlich gern herumgekritzelt – habe fast nichts anderes gemacht –, aber lieber auf Tischsets, auf Servietten und alten Schulheften, die sowieso in den Papierkorb wandern würden. Stelle mich vor eine Leinwand, drücke mir einen Pinsel in die Hand, und ich stehe da, wie aus Marmor gemeißelt, total erstarrt durch die Gedanken an all die Dinge, die gemalt zu haben ich vielleicht bereuen würde. Gib mir drei Minuten mit einem Kugelschreiber und der leeren Unterseite eines Bierdeckels, und ich lege los im Ansturm schöpferischer Lust.

Jahre lang habe ich mich aus purer Angst vor dem Kunstschaffen hinter der Arbeit als kommerzieller Illustrator versteckt. Ich weiß, das klingt komisch. Aber es hat funktioniert, denn alles, was ich gezeichnet habe, hatte einen pragmatischen Daseinsgrund: Ein Spielwarengeschäft brauchte ein Logo; die Stadtregierung brauchte eine Erklärung, warum man einen Margarinebehälter

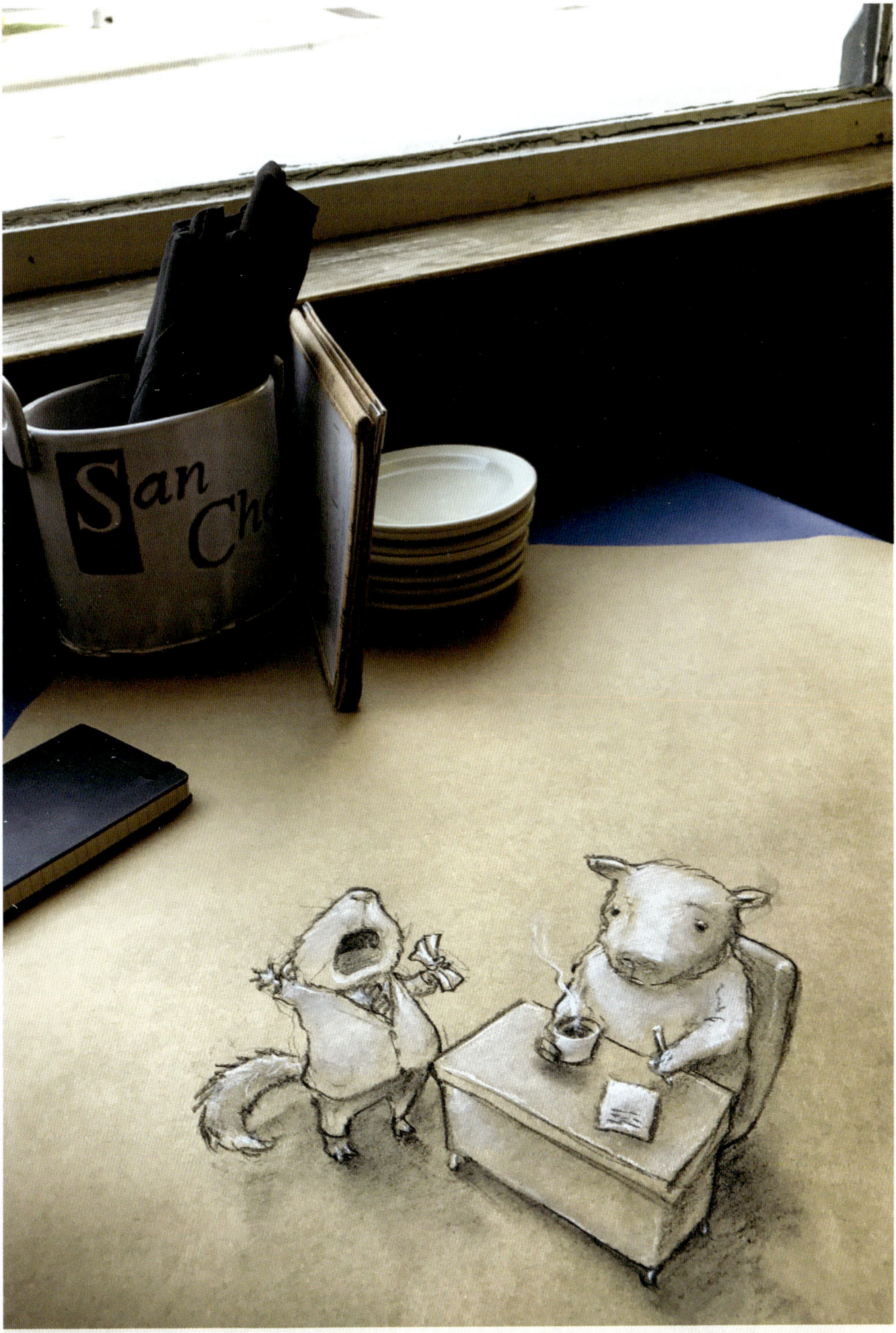

Todds Managementstil ist leicht zu beschreiben; Saras Bewältigungsstrategien sind epische Dichtung.

nicht recyceln kann; ein lokales Jugendtheater brauchte ein Poster für seine Surfer-Adaption der „Piraten von Penzance“. All das sind sehr gute Ausreden dafür, dass man Zeichnungen macht, von denen niemand erwartet, dass sie „Kunstwerke“ sind.

Das Kind in mir war glücklich und dankbar, einen guten Grund zu haben, weiter zu kritzeln; und zu meinem Erstaunen hat das auch für die Miete gereicht. Ich würde heute immer noch Recyclingbroschüren bebildern, wenn es da nicht zwei Dinge gäbe: Computer und sonnige Tage.

Ich habe freischaffend zuhause in meinem Büro gearbeitet und musste den ganzen Tag am Computer sitzen. (Fast jede Art kommerzieller Kunst läuft heutzutage über einen Computer; einige meiner Illustrationen haben nie als etwas anderes existiert denn als Pixel auf einem Bildschirm.) Dieser Computer stand neben einem Fenster, wo ich genau sehen konnte, wie das Wetter draußen war. Das empfand ich als sehr angenehm an verschneiten Wintertagen, wenn mein Weg zur Arbeit nicht länger als dreizehn Schritte in warmen Hauspantoffeln war; aber an herrlichen Sonnentagen war es schlichtweg frustrierend, wenn nämlich dem Kind in mir – dessen Kritzelkünste ich brauchte, um die Miete zu bezahlen – andere Dinge viel wichtiger waren.

So kam es zwangsläufig zwischen ihm und mir zu einer Einigung: Ich durfte meine Pflichten ignorieren und nach draußen gehen, aber nur, wenn ich irgendwo irgendetwas zeichnen würde. Dank dieser Abmachung habe ich die inspirierende Kraft von Straßenkreide und „sinnloser“ ephemerer Kunst kennengelernt. Auf die Straße gezeichnete Bilder können nicht aufbewahrt oder in einer Galerie ausgestellt werden, und sie erheben keinerlei Anspruch darauf, Kunstwerke zu sein. Ihr bestmöglicher Nutzen liegt darin, dass sie dich selber und jeden anderen, der zufällig im rechten Moment nach unten schaut, aufheitern; und dass sie dir eine gute Ausrede geben, an einem schönen Tag draußen im Freien zu spielen. Ich kann Kreide bestens empfehlen. Wann hast du das letzte Mal Spuren in der Welt hinterlassen aus nichts weiter als reiner Freude am Spaß?

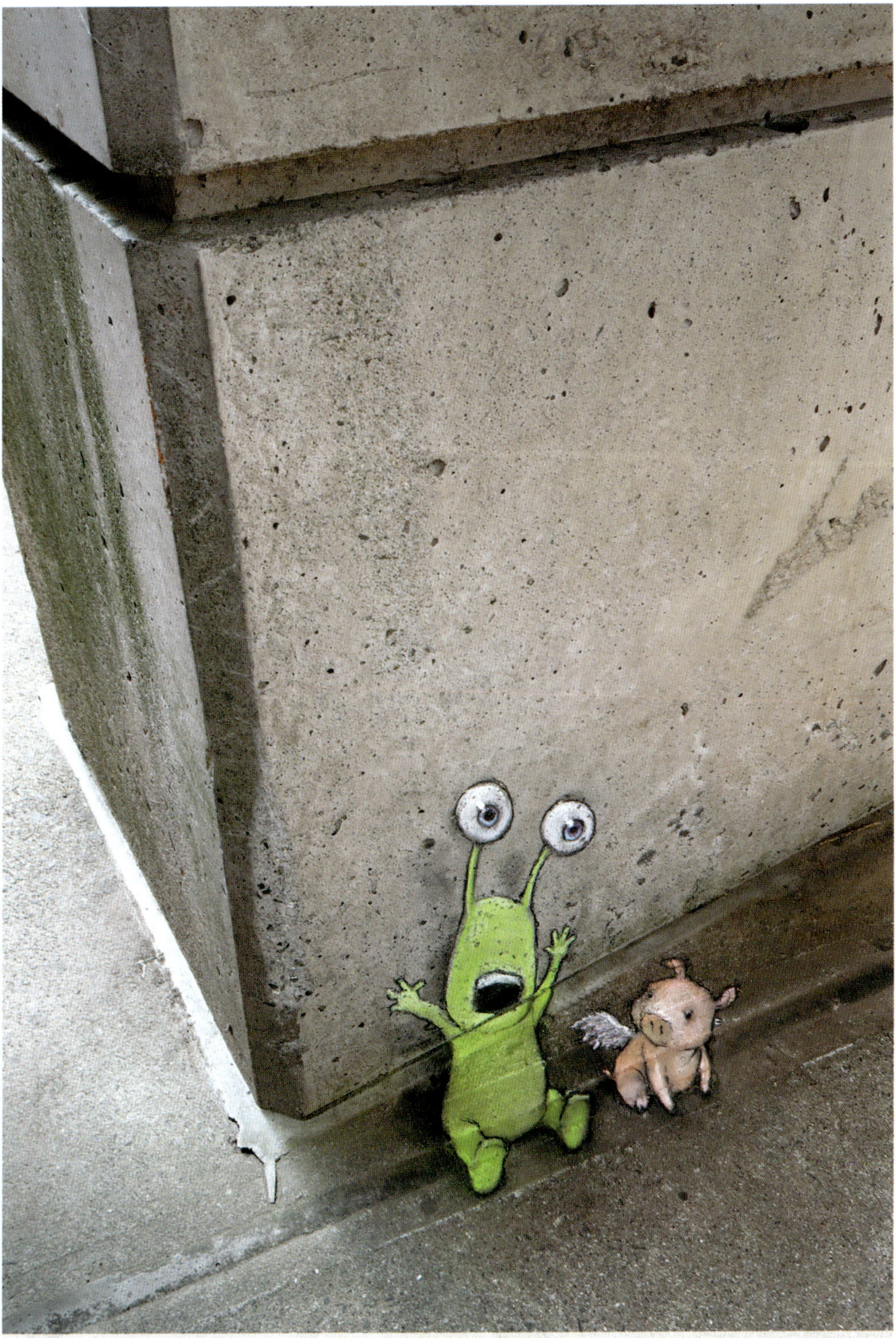

Geschichten sind zum Erzählen da.
Northampton, Massachusetts

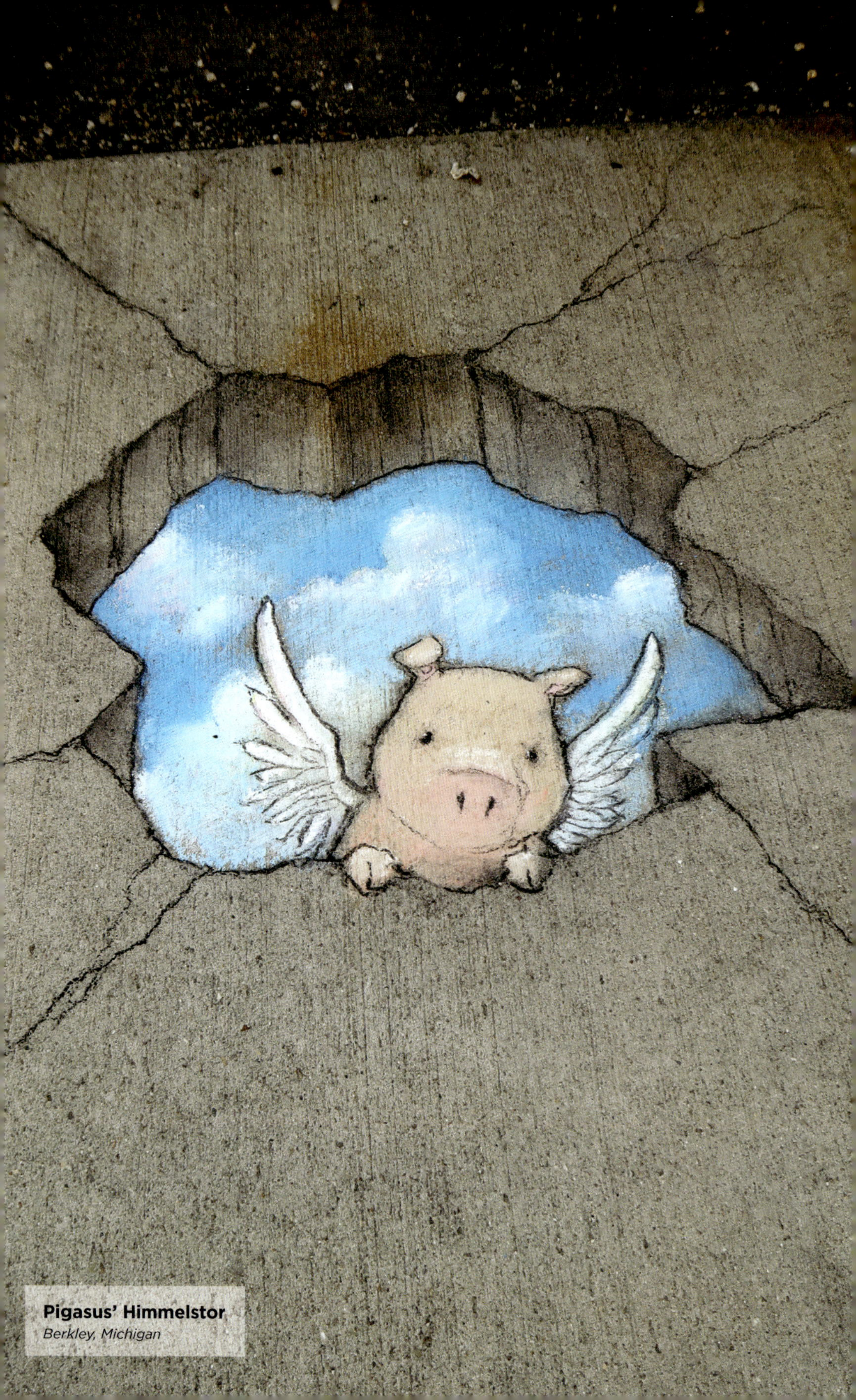

Pigasus' Himmelstor
Berkley, Michigan

Was hat es mit dem Außerirdischen und dem fliegenden Schwein auf sich?

SIE KOMMEN IN DIESEM BUCH HÄUFIG VOR, DESHALB SOLLTE ICH DAS ERKLÄREN.

Bald nachdem ich angefangen hatte, Straßenpflaster zu bemalen, kam mir die Erinnerung an eine wichtige Lektion zurück, die mir als Kind erteilt worden war: Wenn du etwas aus dem wirklichen Leben zeichnest, kommt mit aller Wahrscheinlichkeit jemand vorbei und weist dich hilfreich auf alle deine Fehler hin. Wenn du aber ein imaginäres Wesen zeichnest, kann dir niemand sagen, dass du es falsch gemacht hast. Egal, wie es am Ende aussieht: Keiner kann dir bestreiten, dass es genau so aussehen soll – selbst wenn es nicht das ist, was du anfangs zeichnen wolltest.

Sluggo ist ein perfektes Beispiel dafür, besonders im Medium der 3D-Illusion-Streetart (mehr drüber auf S. 33). Manchmal ist er dünn, manchmal ist er dick, und das Verhältnis von Kopf und Körper folgt keiner einheitlichen Regel. Wenn er ein Hund wäre, oder eine Katze, oder ein Katta, dann wäre das ein echtes Problem. Sluggo aber ist das Geschöpf einer persönlichen Entscheidung. Er ist, wie alle guten imaginären Freunde, genau so, wie ich ihn brauche.

In mancher Hinsicht ist ein fliegendes Schwein (oder „Pigasus", wie ich diese Fantasiefigur dank der Belehrung schlauer Drittklässler in Dayton, Ohio nun nenne) ein ähnliches Phänomen. Schweine sind etwas Reales, und Flügel sind etwas Reales. Sobald man aber diese beiden miteinander verbindet, kann man alle Ungenauigkeiten hinsichtlich dessen, was das Schwein zum Schwein oder den Flügel zum Flügel macht, damit rechtfertigen, dass es fliegende Schweine ja nicht gibt – woraus folgt: Wenn diese tatsächlich irgendwo auftauchen, dann ist die Gestalt, in der sie es tun, ihre eigene Angelegenheit.

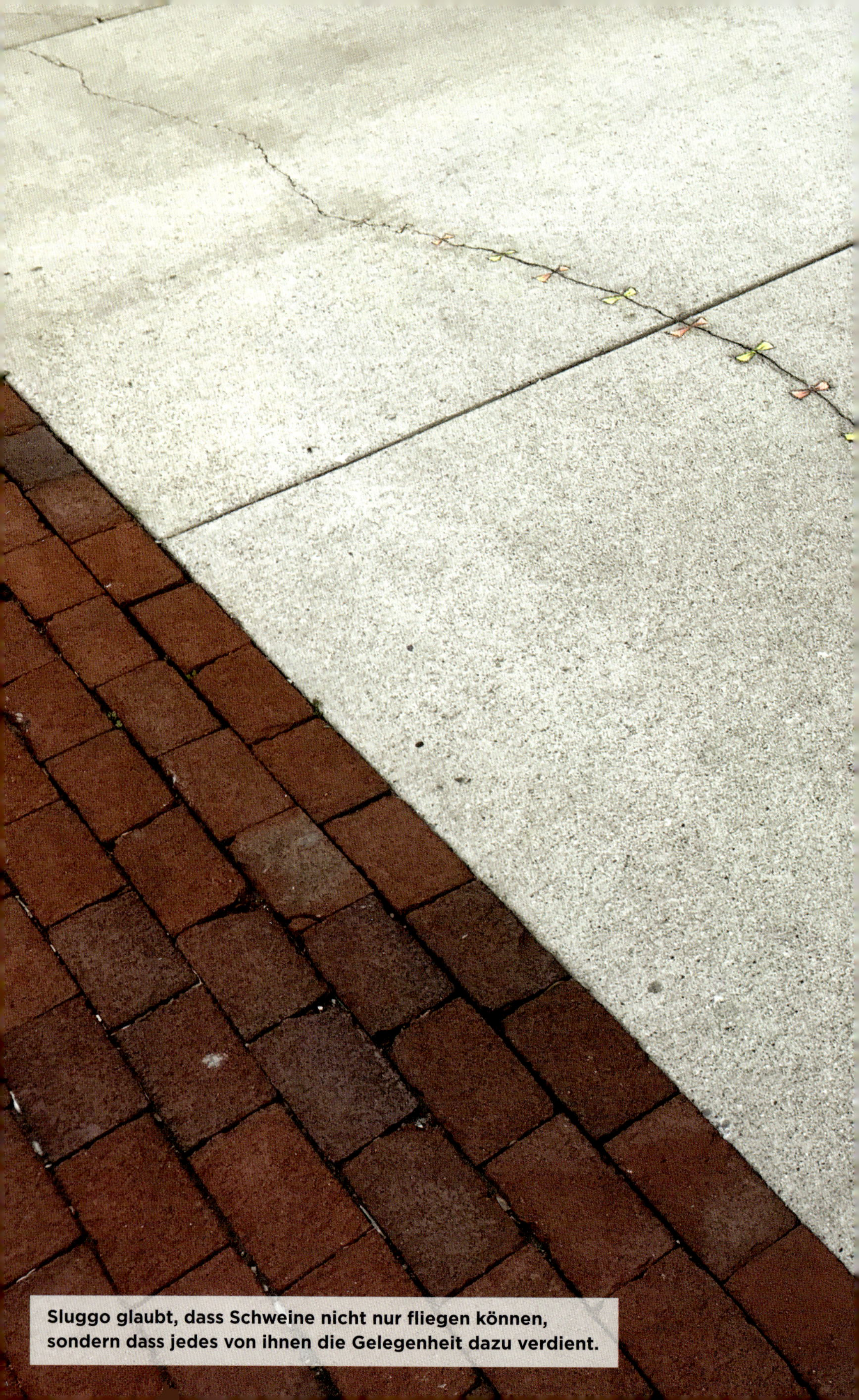

Sluggo glaubt, dass Schweine nicht nur fliegen können,
sondern dass jedes von ihnen die Gelegenheit dazu verdient.

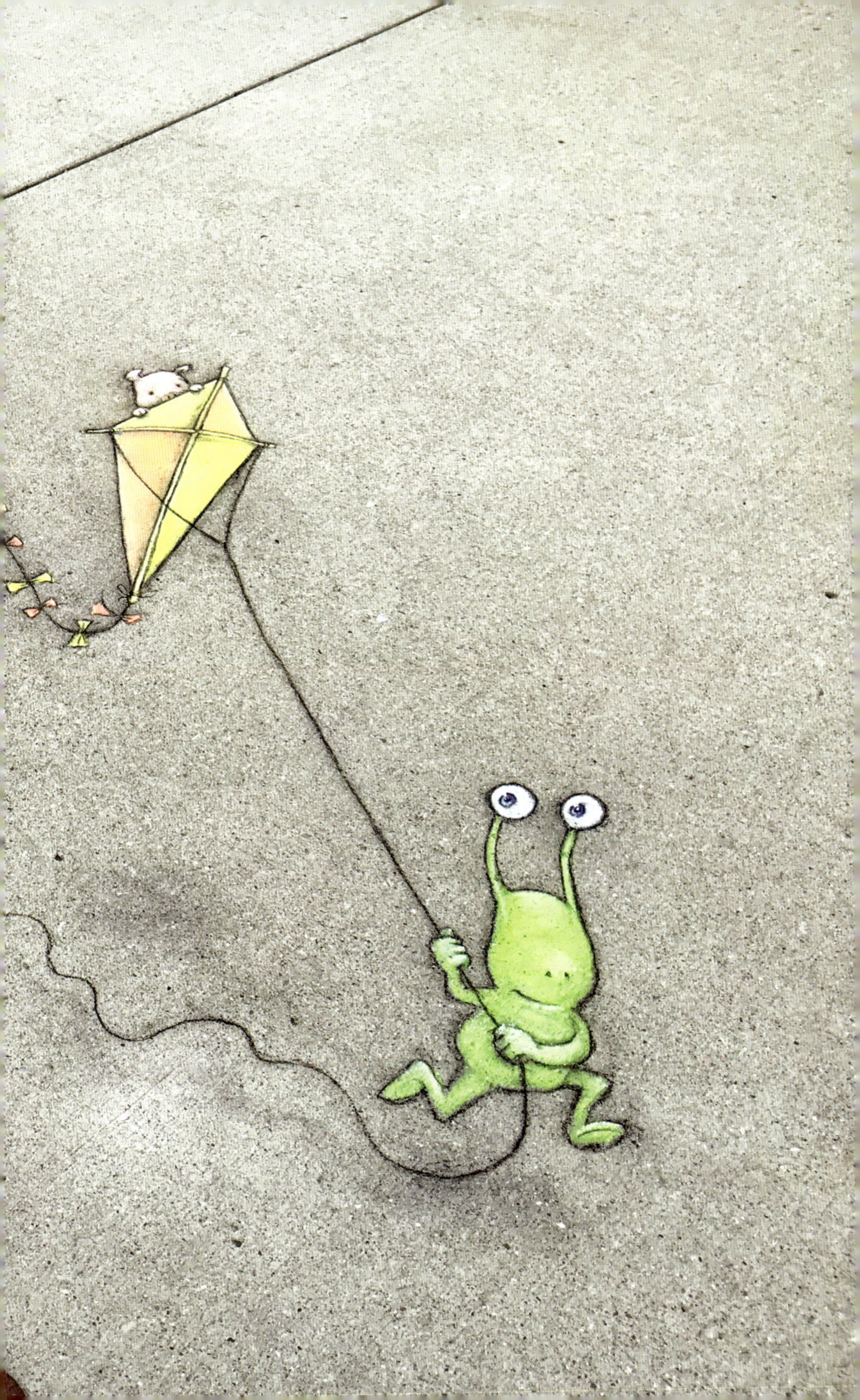

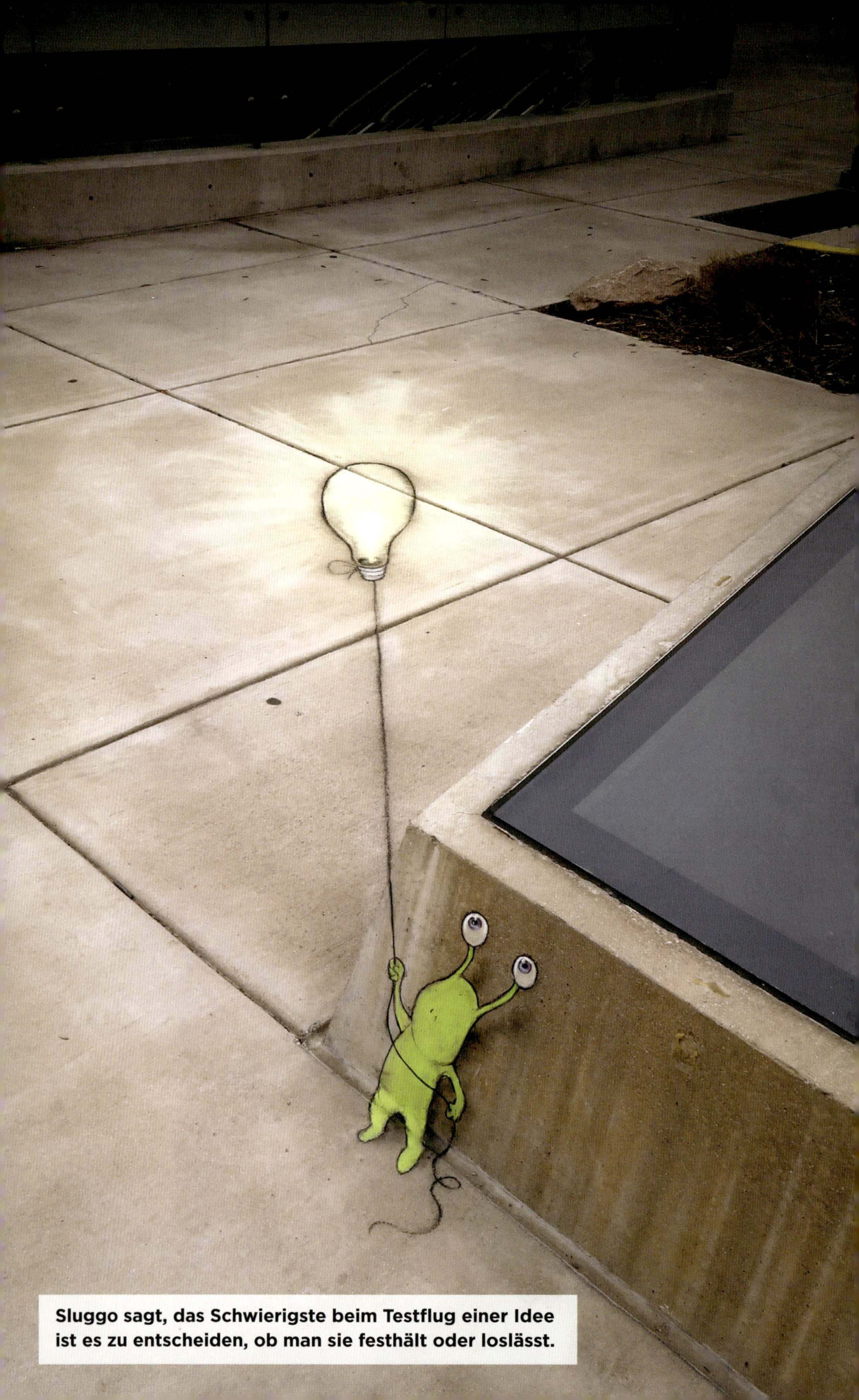

Sluggo sagt, das Schwierigste beim Testflug einer Idee ist es zu entscheiden, ob man sie festhält oder loslässt.

Pareidolie

DIE PUNKTE VERBINDEN (UND RISSE UND ALLES ANDERE)

Es mag oberflächlich spontan sein, auch kindisch, aber jedes beliebige Stückchen Bürgersteig inspiriert mich mehr als eine leere Leinwand, einfach weil es nicht leer ist. Irgendetwas ist immer da – ein Riss entlang des Bodens, ein fallengelassenes Stück Kaugummi, oder auch nur ein paar verstreute Flecken und Kieselsteine, die zu etwas mehr werden wollen.

Ich hatte lange befürchtet, dass es etwas eigenartig sei, im Boden unter meinen Füßen Formen und Gestalten zu „sehen", doch inzwischen habe ich erfahren, dass das

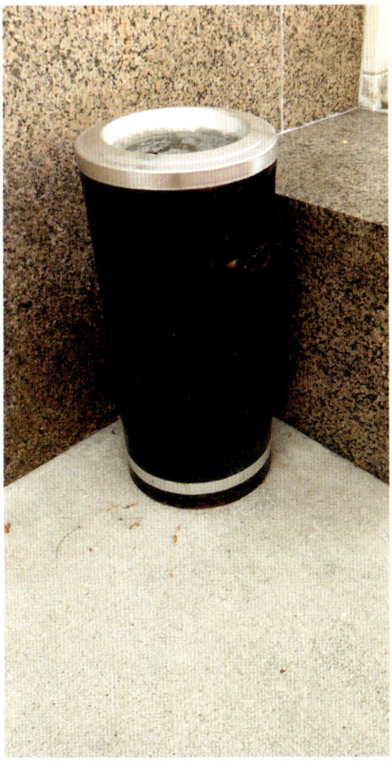

Mülltonne
Saginaw, Michigan

Sir Beaufort Pettijohn mit seinem zweitgrößten Hut und seiner drittgrößten Schildkröte

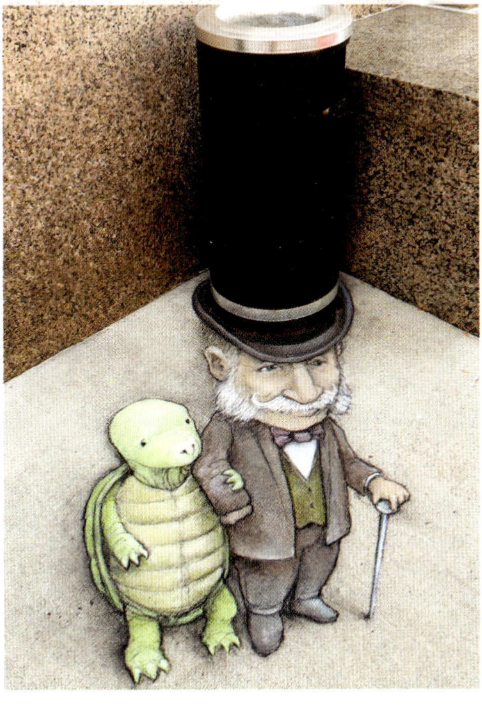

ein universell menschlicher Zug ist, den wir als Pareidolie bezeichnen: Unser Gehirn ist ständig darauf aus, in seiner Umwelt Muster zu entziffern, wie unwahrscheinlich diese auch sein mögen. Ich vermute, dass wir diese Gewohnheit von unseren Urahnen geerbt haben, für die es viel besser war, einen Busch für einen Leoparden zu halten, als von einem Leoparden, den sie für einen Busch gehalten hatten, gefressen zu werden.

Pareidolie ist die Triebkraft, die uns einen Mann im Mond und Wolken in der Gestalt von Hasen sehen lässt. Pareidolie ist am Werk, wenn du mit 99 % Sicherheit weißt, dass die dunkle Gestalt in der Ecke deines Schlafzimmers der Bademantel ist, den du selber vor ein paar Stunden dorthin gehängt hast – und dein wachsames Gehirn immer noch die einprozentige Möglichkeit untersuchen will, ob es nicht doch ein Monster sei.

Pareidolie ist die perfekte Lösung des Problems, nicht zu wissen, was man zeichnen soll. Tatsächlich wird das derartige Zeichnen umso einfacher, je weniger Plan du dabei hast. Ich könnte mich mit der Absicht, ein Porträt meines Großvaters oder eine ganz bestimmte Art Fisch zu zeichnen, auf den Weg machen und keinen dafür geeigneten Ort finden. Wenn ich andererseits einfach durch die Stadt gehe, um zu diesem oder jenem Ort zu kommen, stoße ich garantiert auf ein kleines Loch im Bürgersteig, das mich nötigt anzuhalten und es für irgendein Bild zu verwenden. Dinge, die eher Hindernisse sein könnten, geben sich dir als Chance, wenn du bereit bist, ihrem Wink zu folgen.

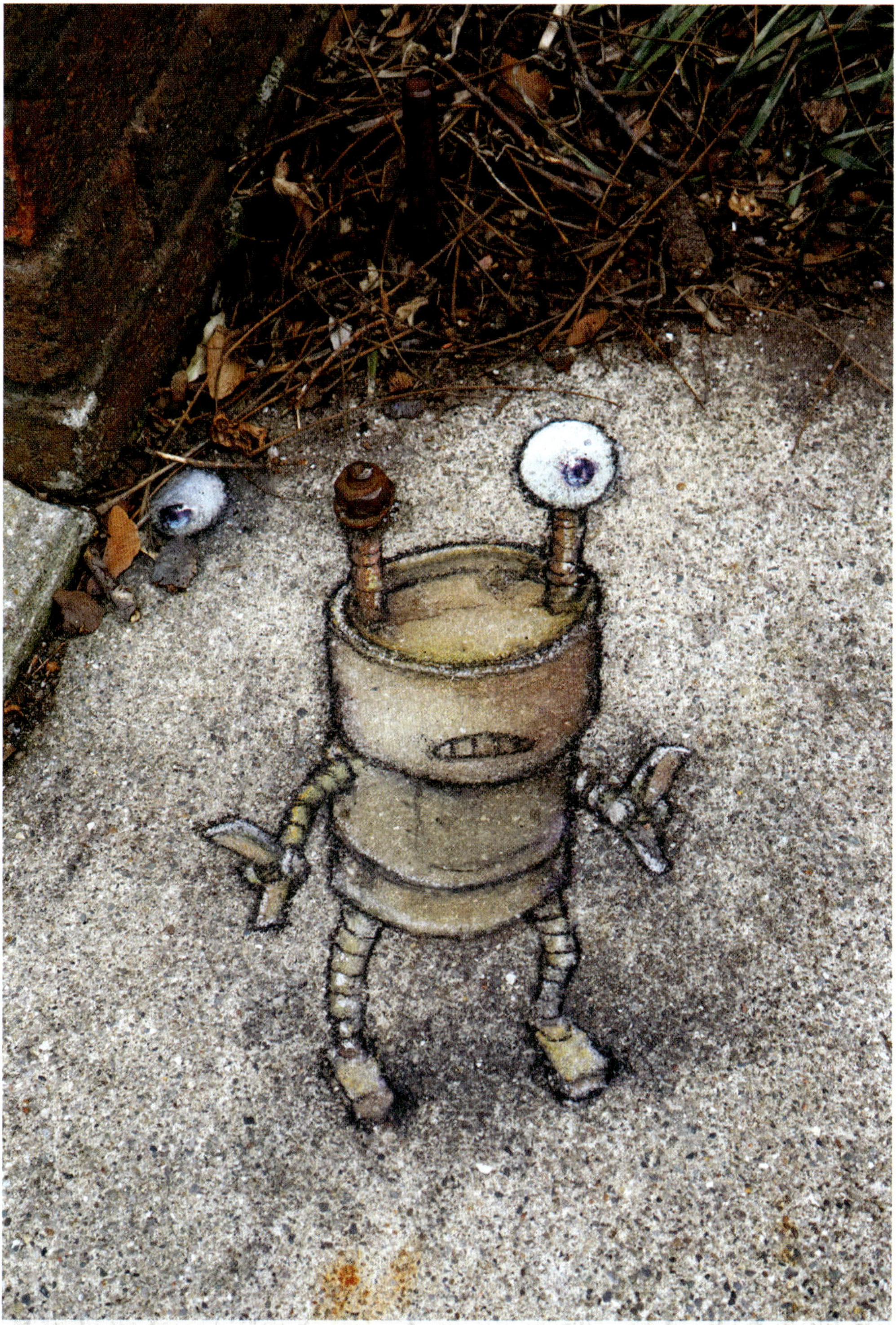

Sluggobot sagt: „Es ist Spiel und Spaß, bis einer ein Auge verliert … denn dann musst du aufhören und das Auge suchen.“

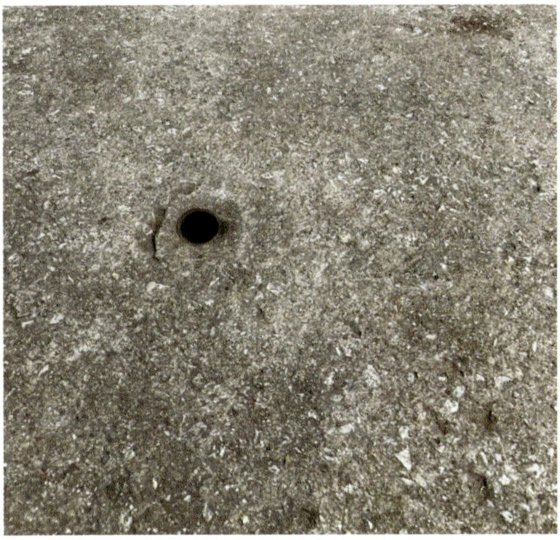

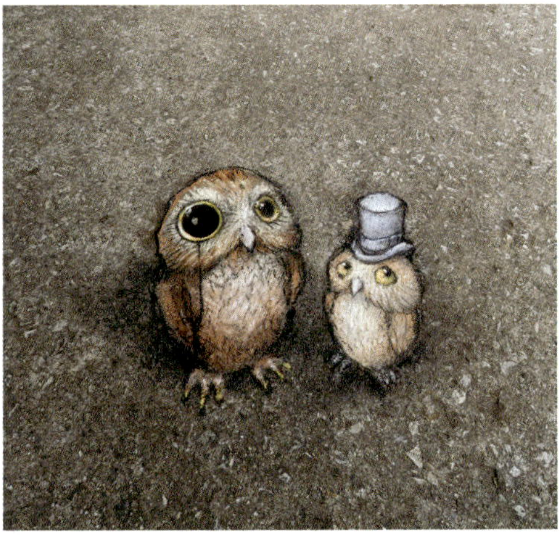

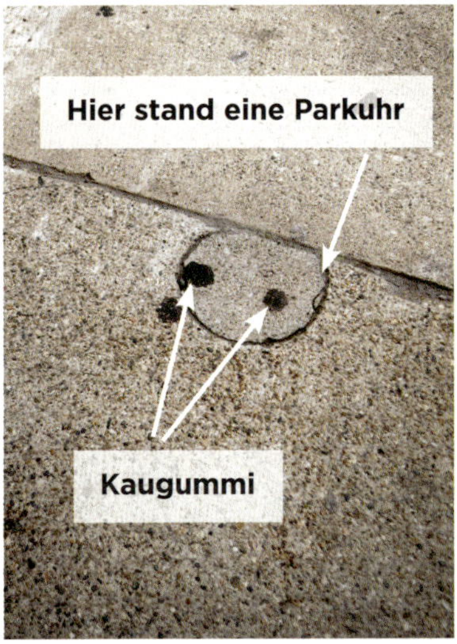

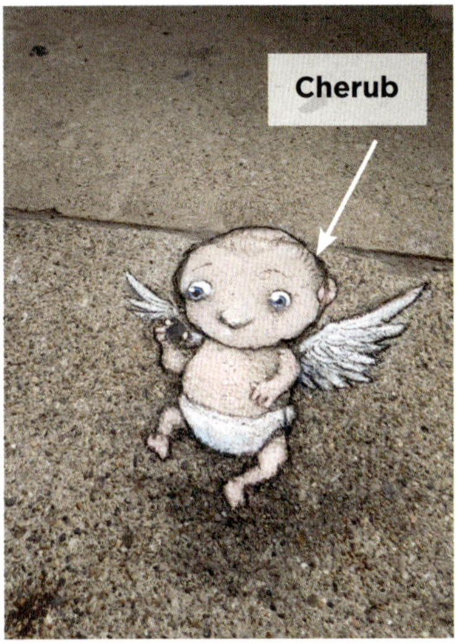

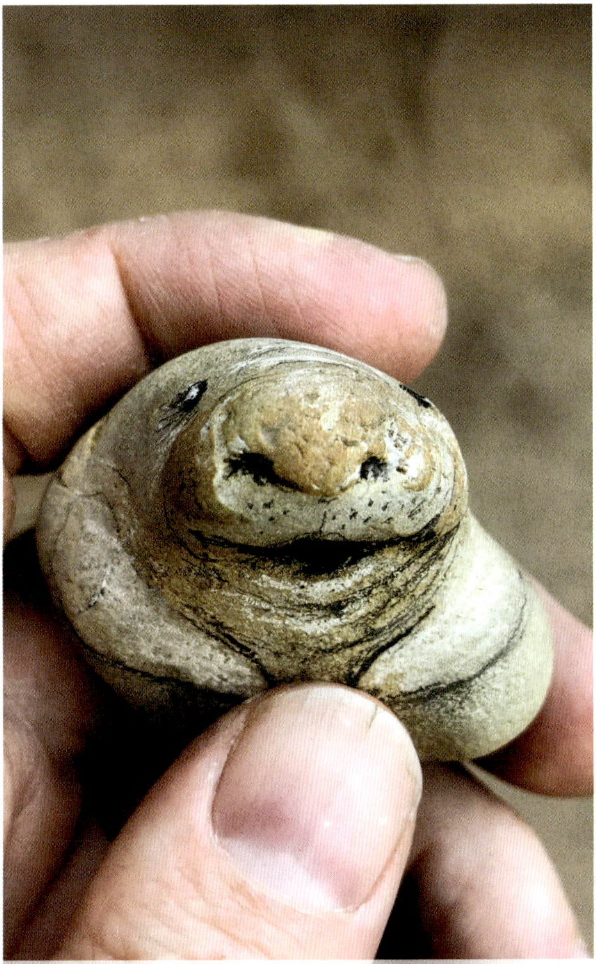

Anmerkung nur für mich: *In dieser Welt voller unleugbarer Befürchtungen und Leiden gibt es auch Steine, die Seekühe sein möchten.*

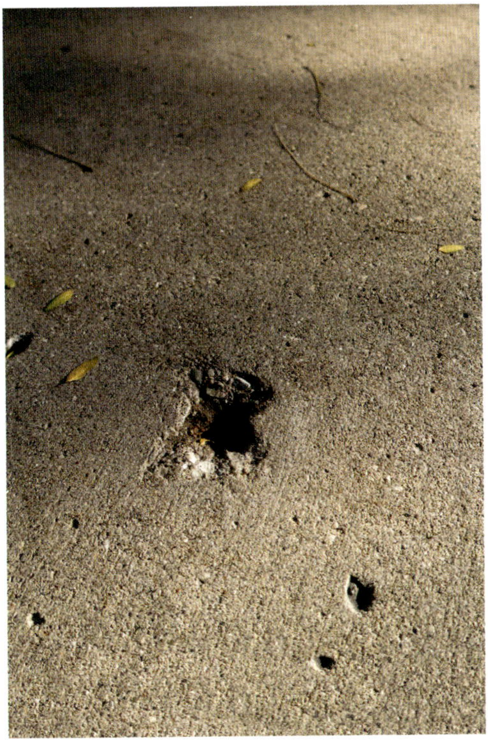

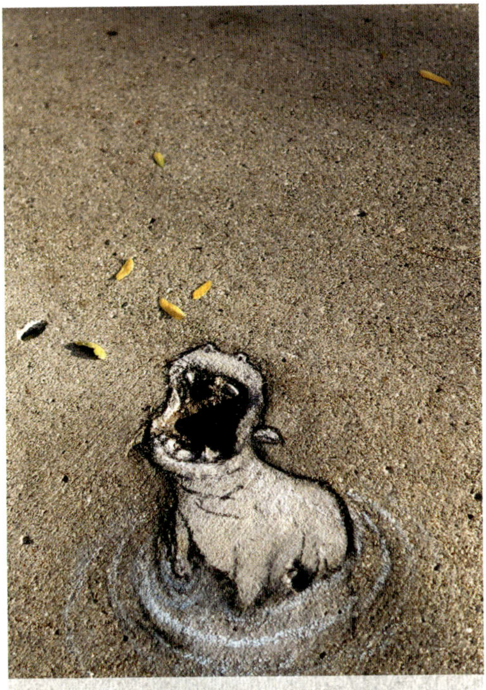

Abflusspferdchen

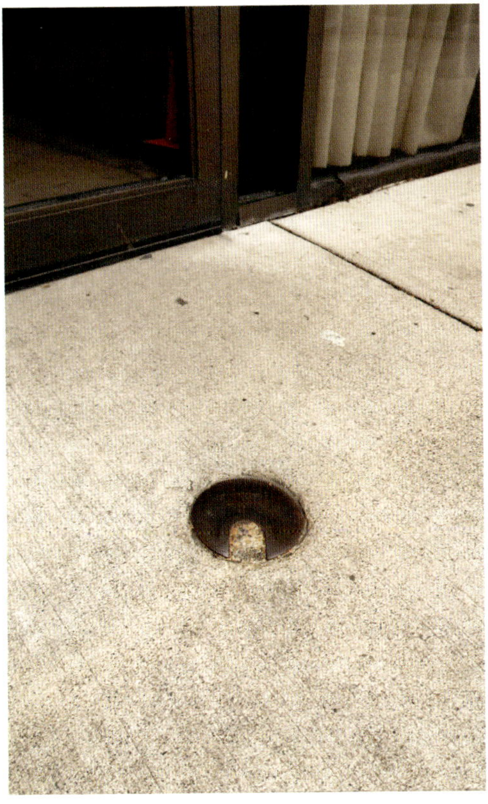

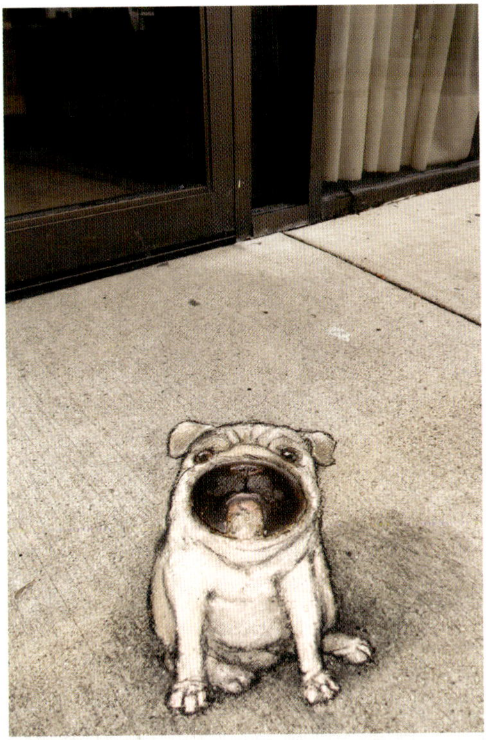

Grinsemops

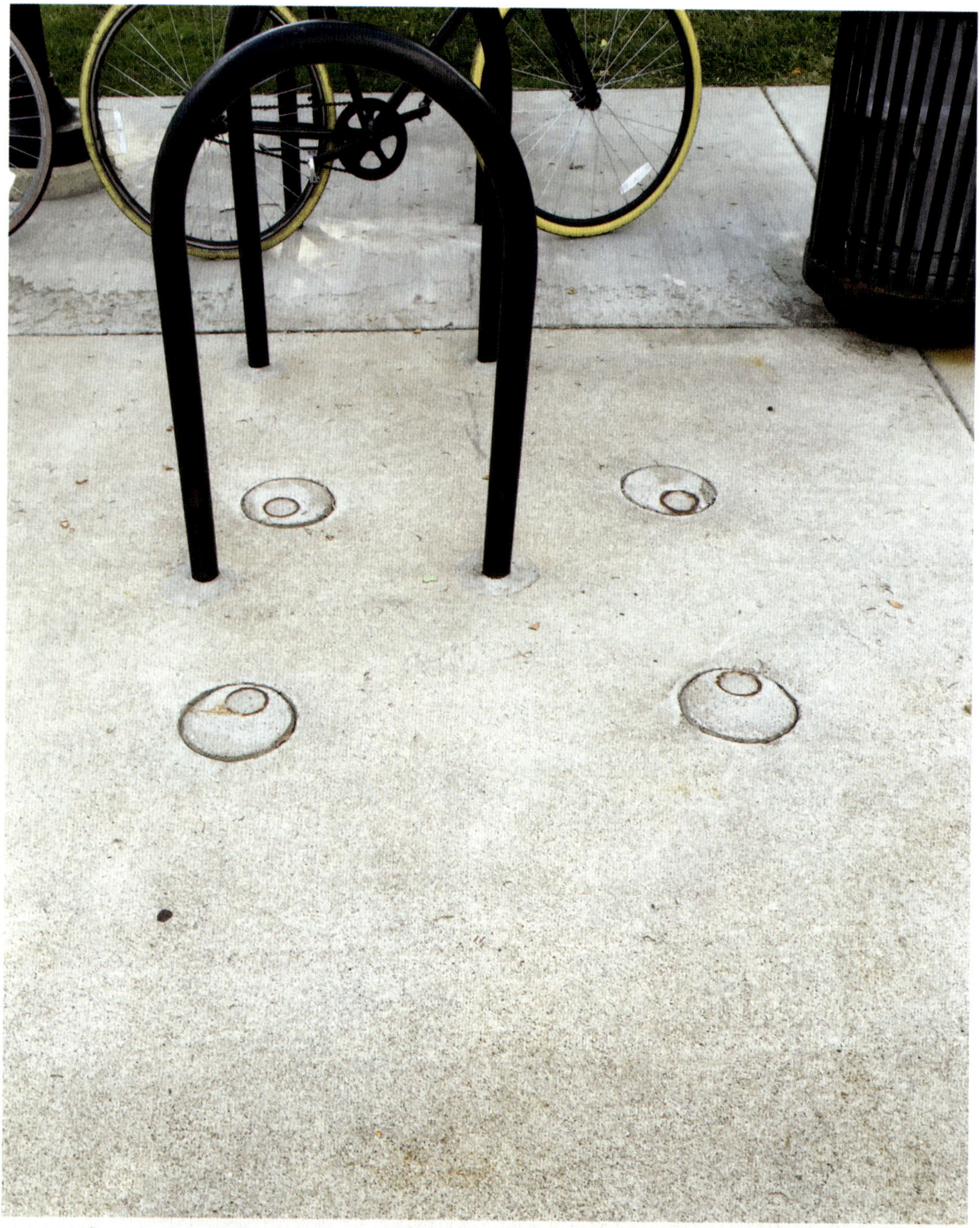

Ich bin der Unentschlossenheit, mit der die City of Ann Arbor ihre Fahrradständer über die Stadt verteilt, zu großem Dank verpflichtet, denn diese Straßenecke ist unter all den Pflastern, über die ich je gestolpert bin, dasjenige, was man am allerwenigsten übersehen kann. Es mag dich nicht anschauen, aber es schaut mit Sicherheit etwas an. Wenn du jetzt mal deine Kräfte der Pareidolie ausprobieren möchtest, hast du hier eine gute Gelegenheit, die Seite eine Weile genau zu betrachten – oder auch zu bekritzeln, wenn du Lust hast. Ich habe nichts dagegen. Und wenn du sehen willst, was ich darin gesehen habe, dann blättere weiter zur nächsten Seite.

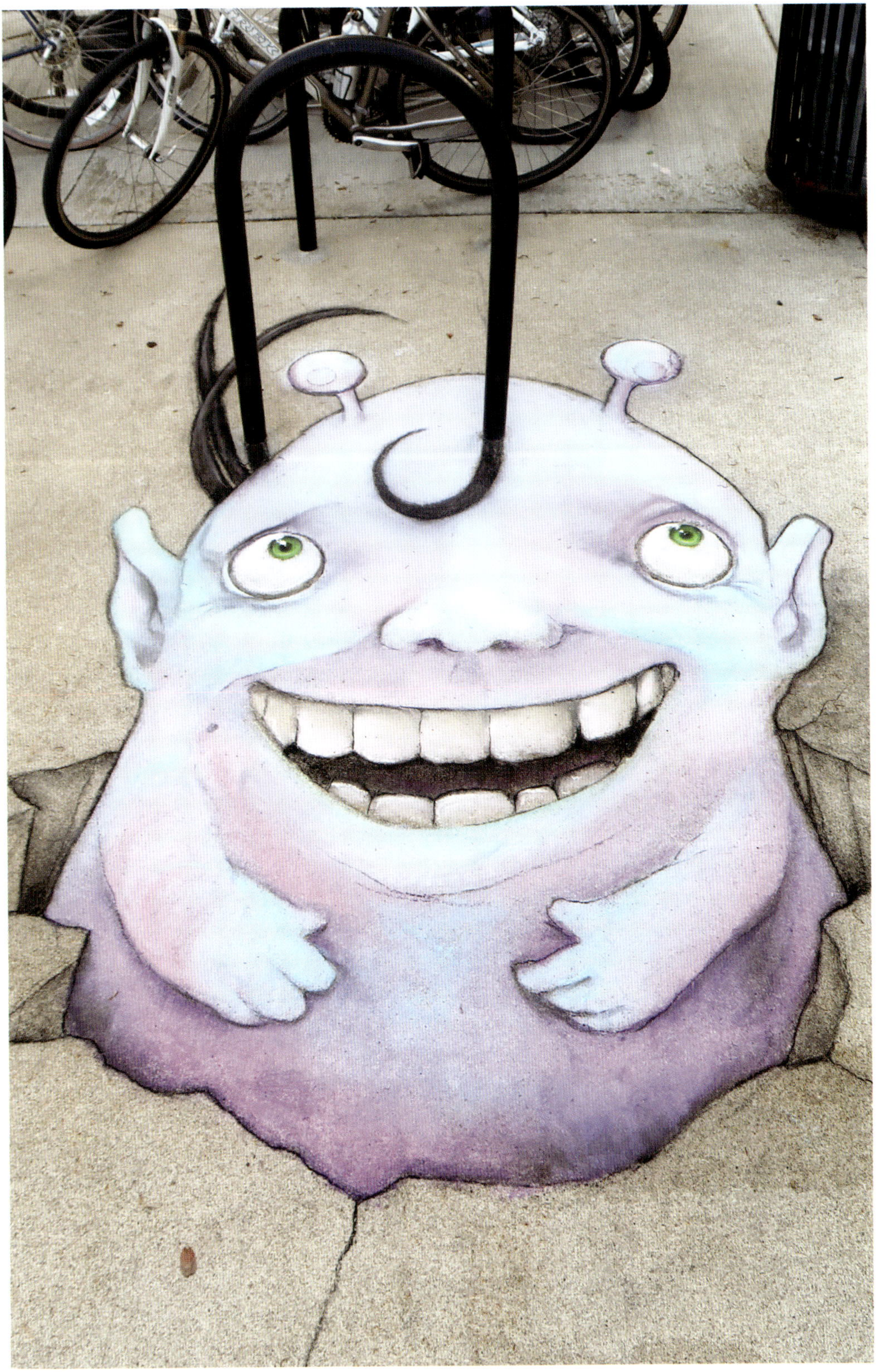

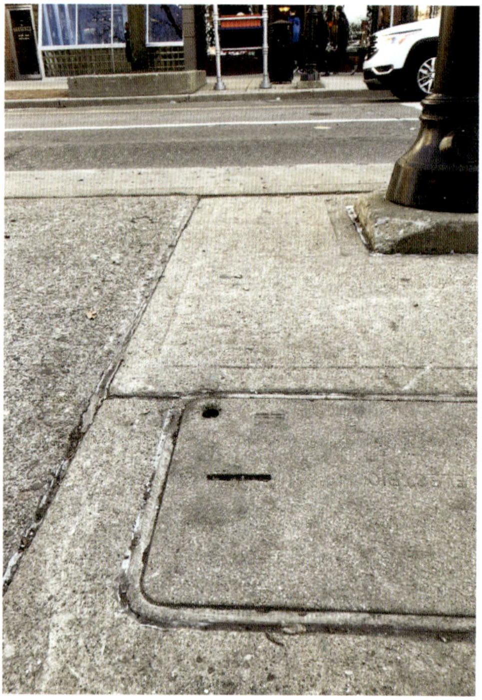

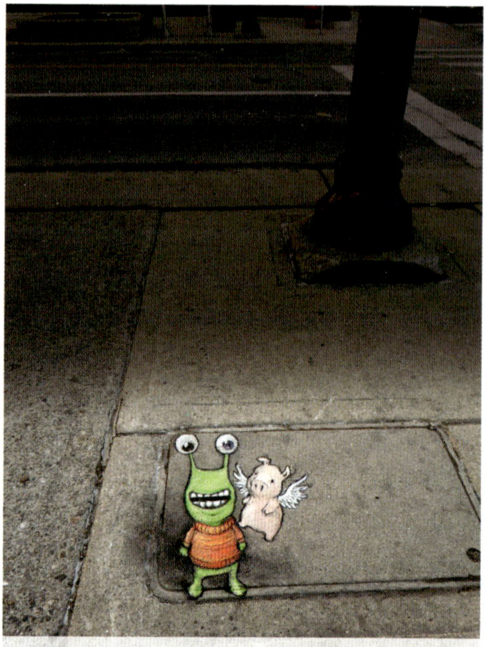

Heute bildschön

Aber wirst du nicht traurig sein,
wenn der Regen alles wegspült?

Wann immer mir jemand diese Frage stellt, denke ich sofort an die beiden Abflussdeckel, die in der oberen Hälfte der nächsten Seiten abgebildet sind. Jede Zeichnung, die du darunter und auf den folgenden zwei Seiten siehst, wurde auf demselben Betonquadrat gemacht und verarbeitet diese beiden Metallplatten auf je unterschiedliche Weise. Wenn irgendeine dieser Zeichnungen permanent gewesen wäre, hätten die anderen nie entstehen können.

Wenn ich mal einen wirklich schlechten Tag habe und mir absolut nichts einfällt, was ich noch zeichnen könnte, weiß ich genau, wohin ich gehen und mit wem ich die Zeit verbringen werde.

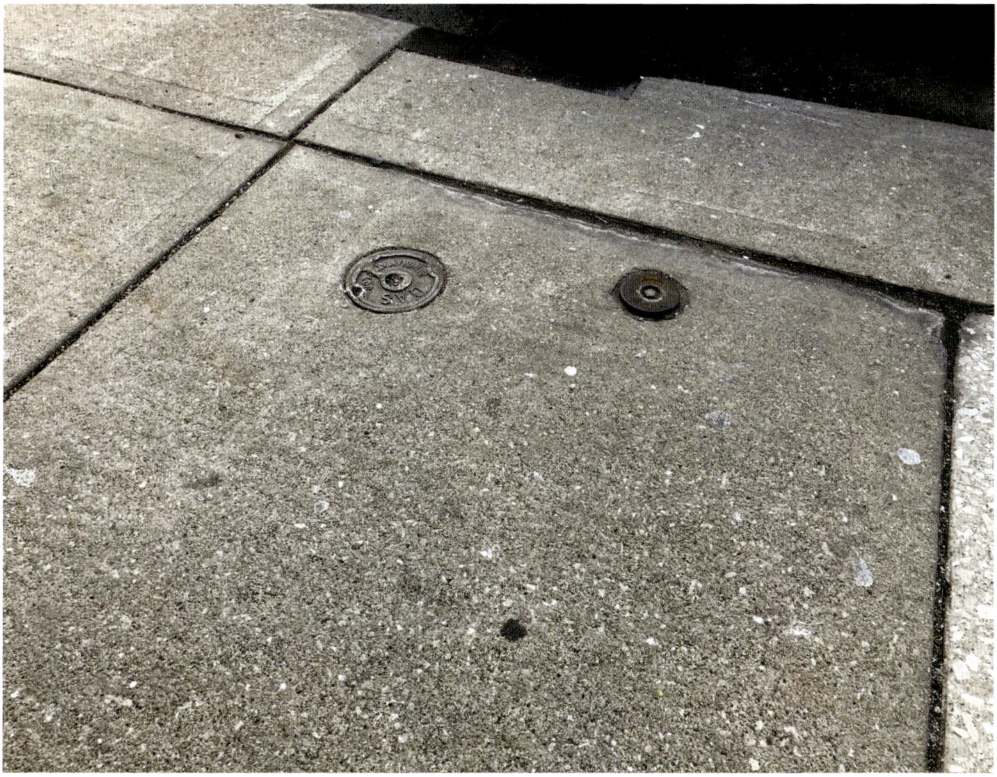

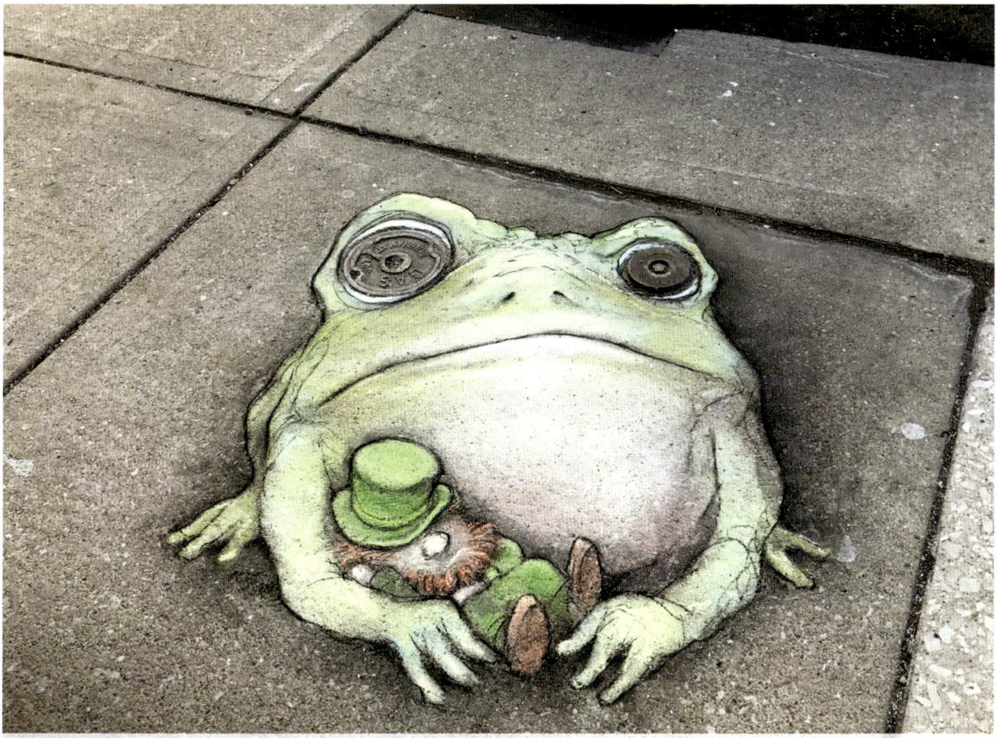

Therapiefrosch zum St. Patrick’s Day

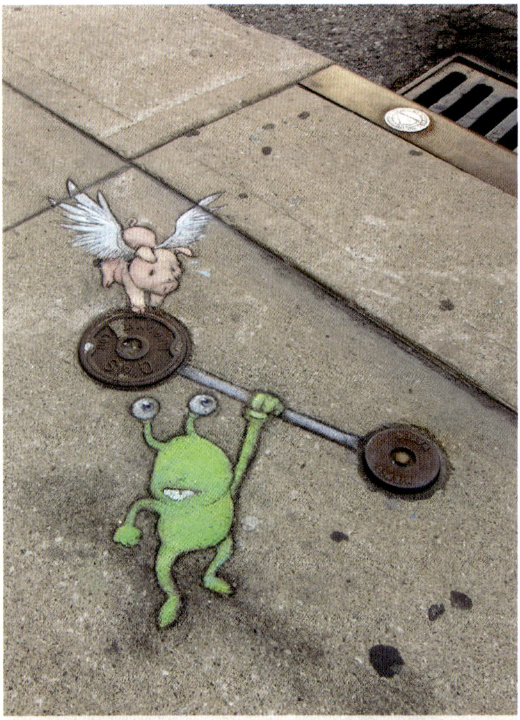

Hier wird schwer gehoben.

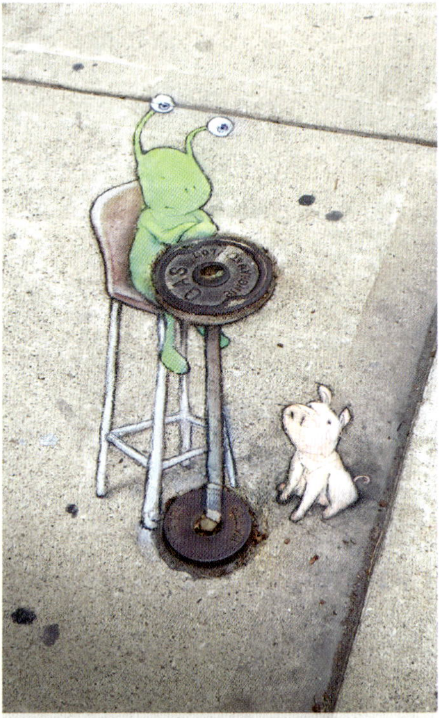

Hochsitz im Freien

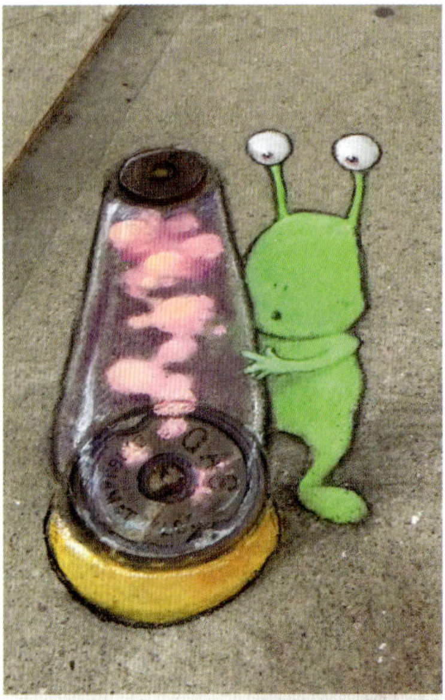

Sluggo stößt auf eine alternative Beleuchtungsmöglichkeit für die kürzeren Herbsttage.

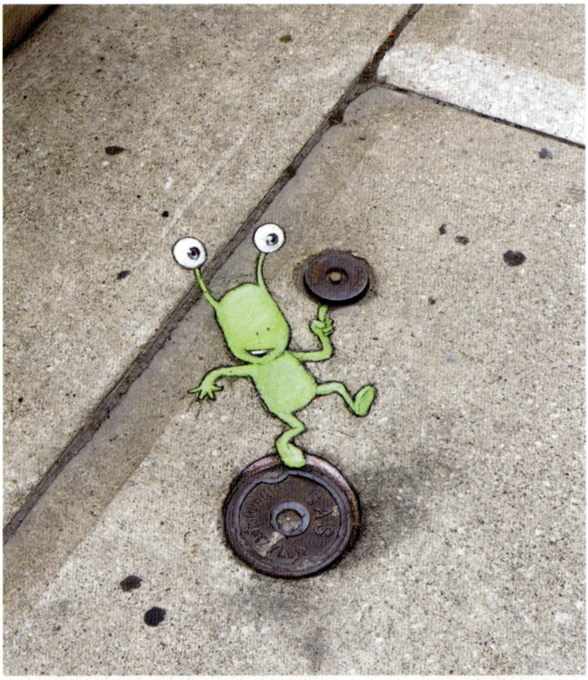

Sluggos Ein-Rad- und Zwei-Deckel-Routine

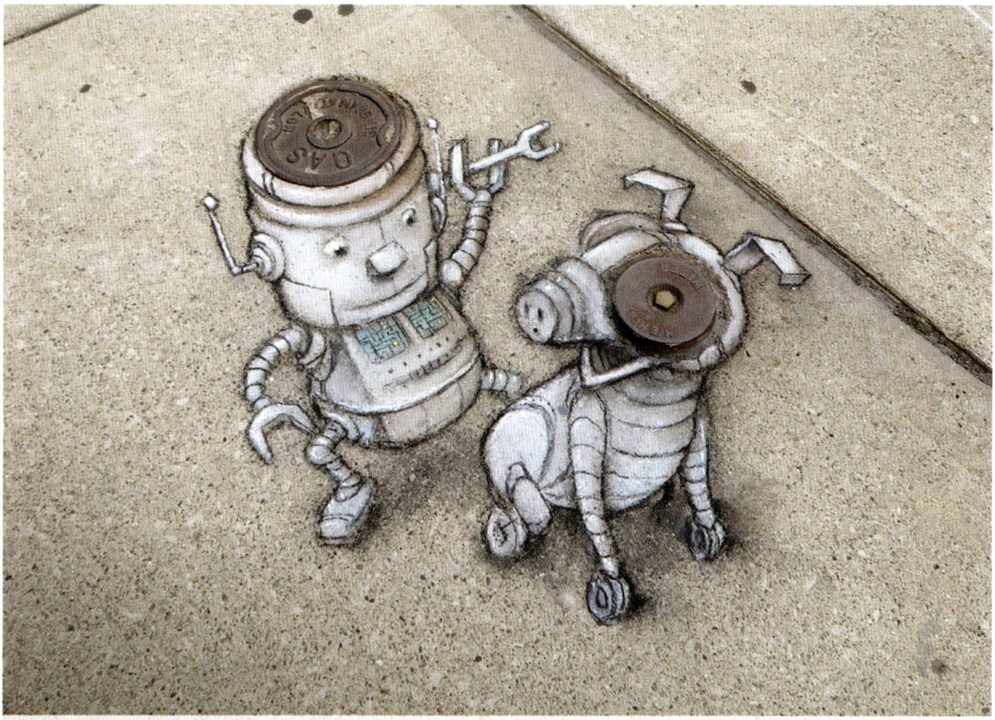

Jage.exe-Spiel mit Apportiereinheit Funker

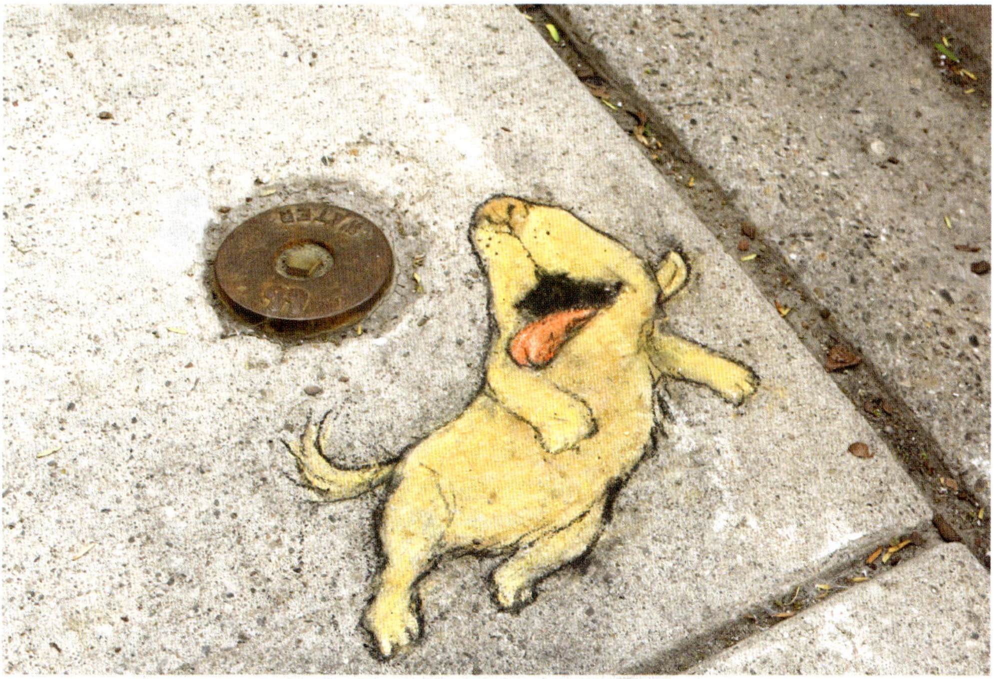

Auszeitchampion, Städische Frisbee-Liga

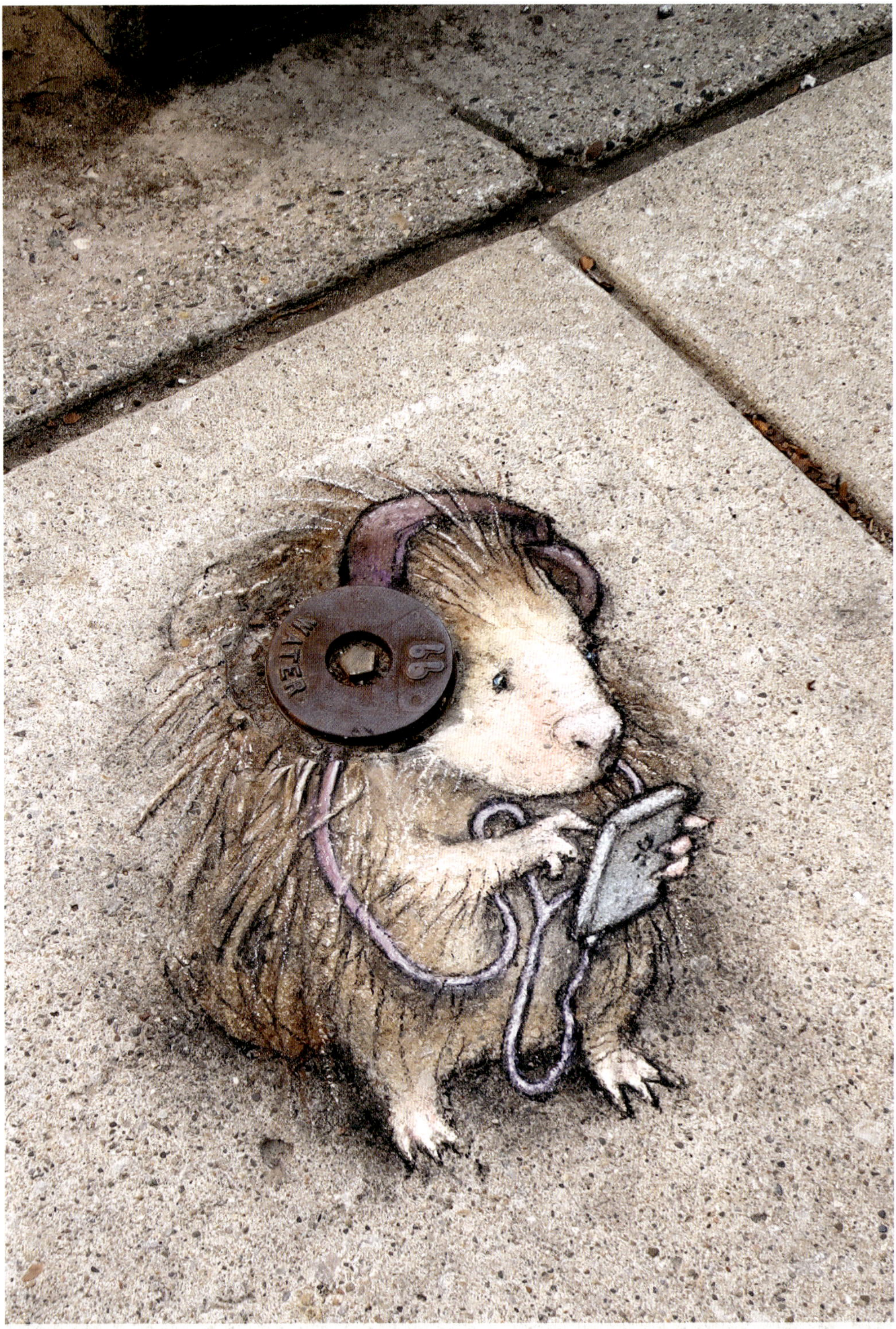

Louise rührt sich nicht vom Fleck, bis sie den richtigen Song zum Mitmachen gefunden hat.

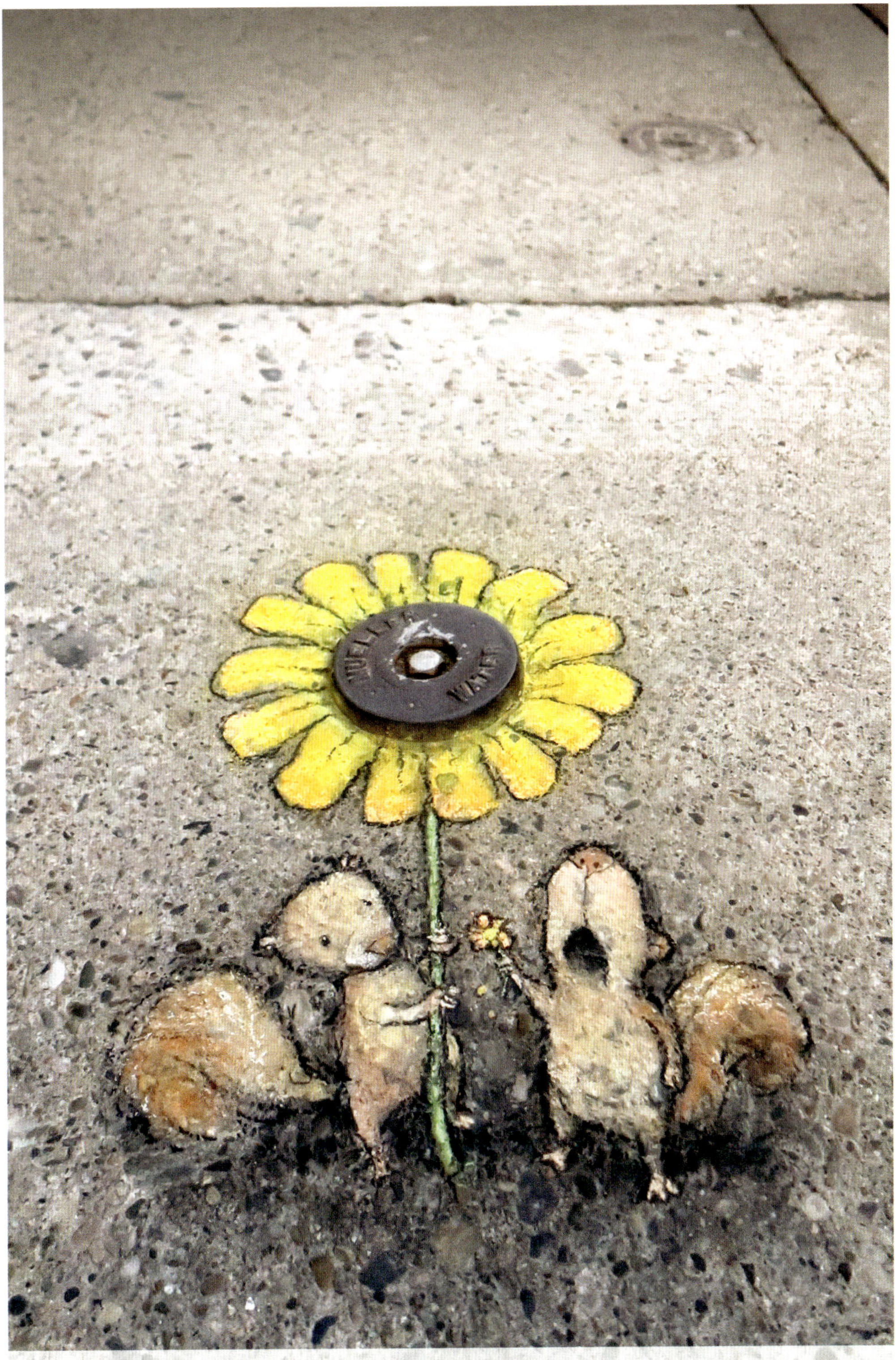

Sadie bringt Flower-Power zu neuer Blüte.

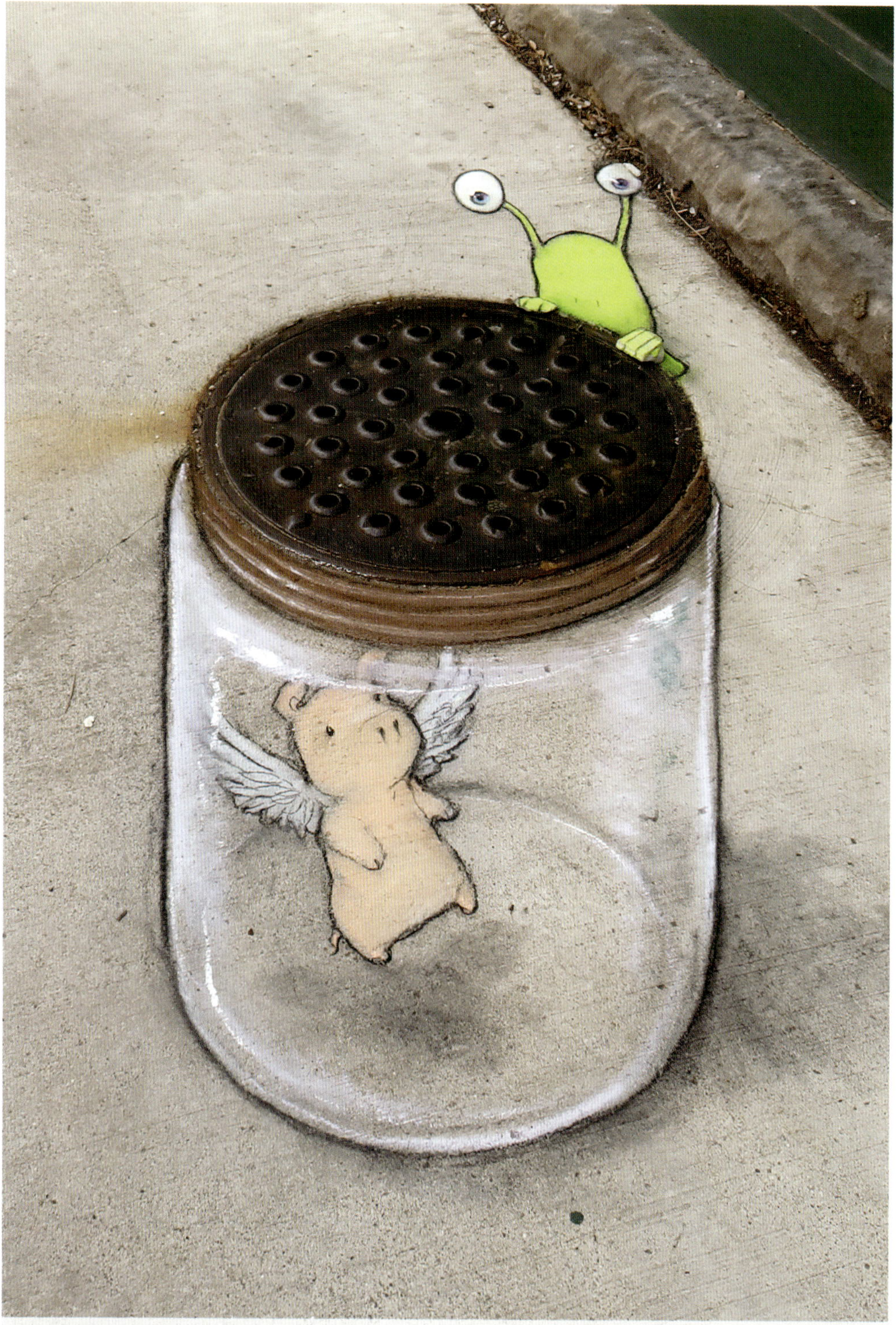

Sluggo behält sich immer einen kleinen Rest der Unmöglichkeiten des vergangenen Jahres zurück.

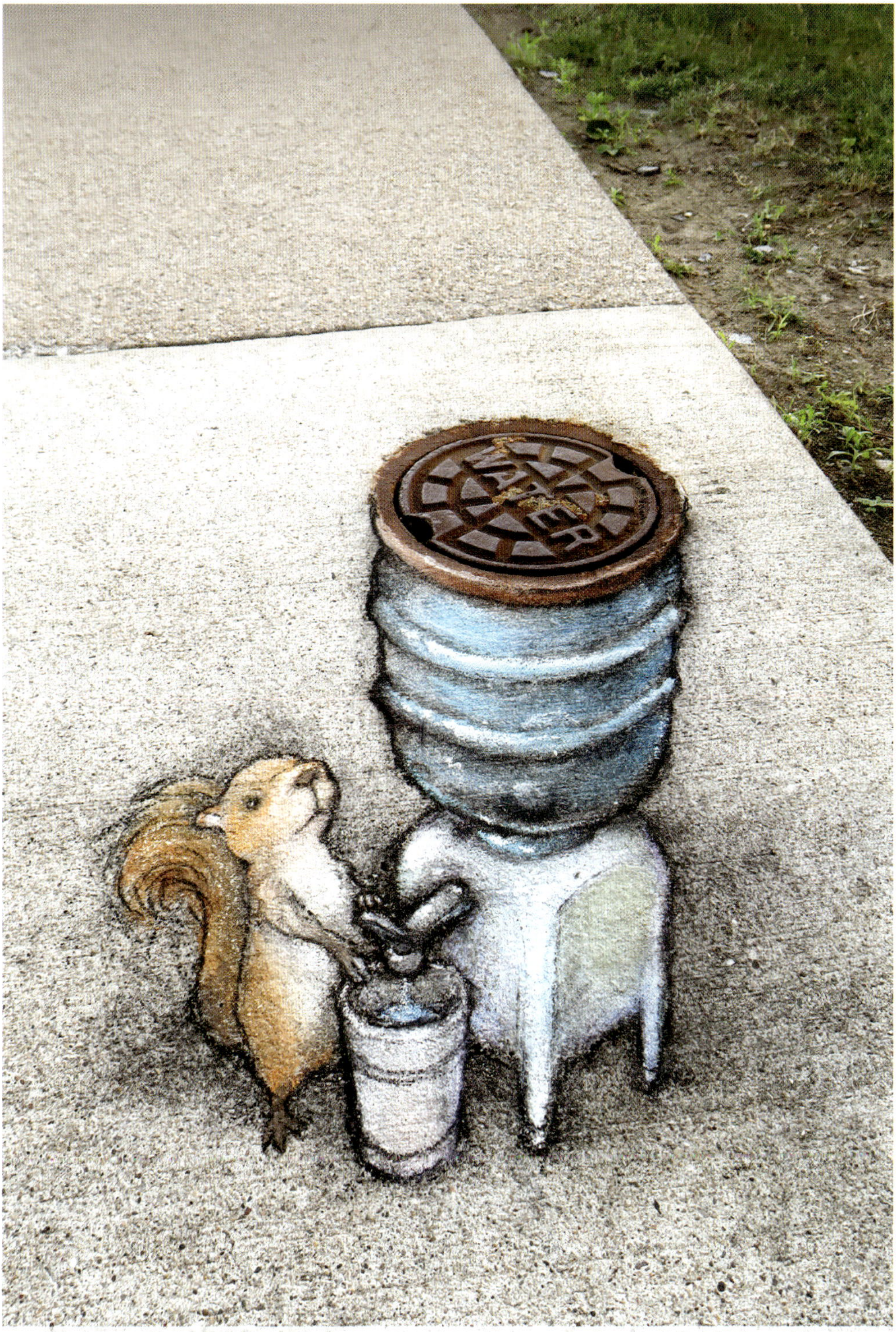

An diesen heißen Sommertagen musst du reichlich trinken, sonst knackst du auf wie eine Nuss.

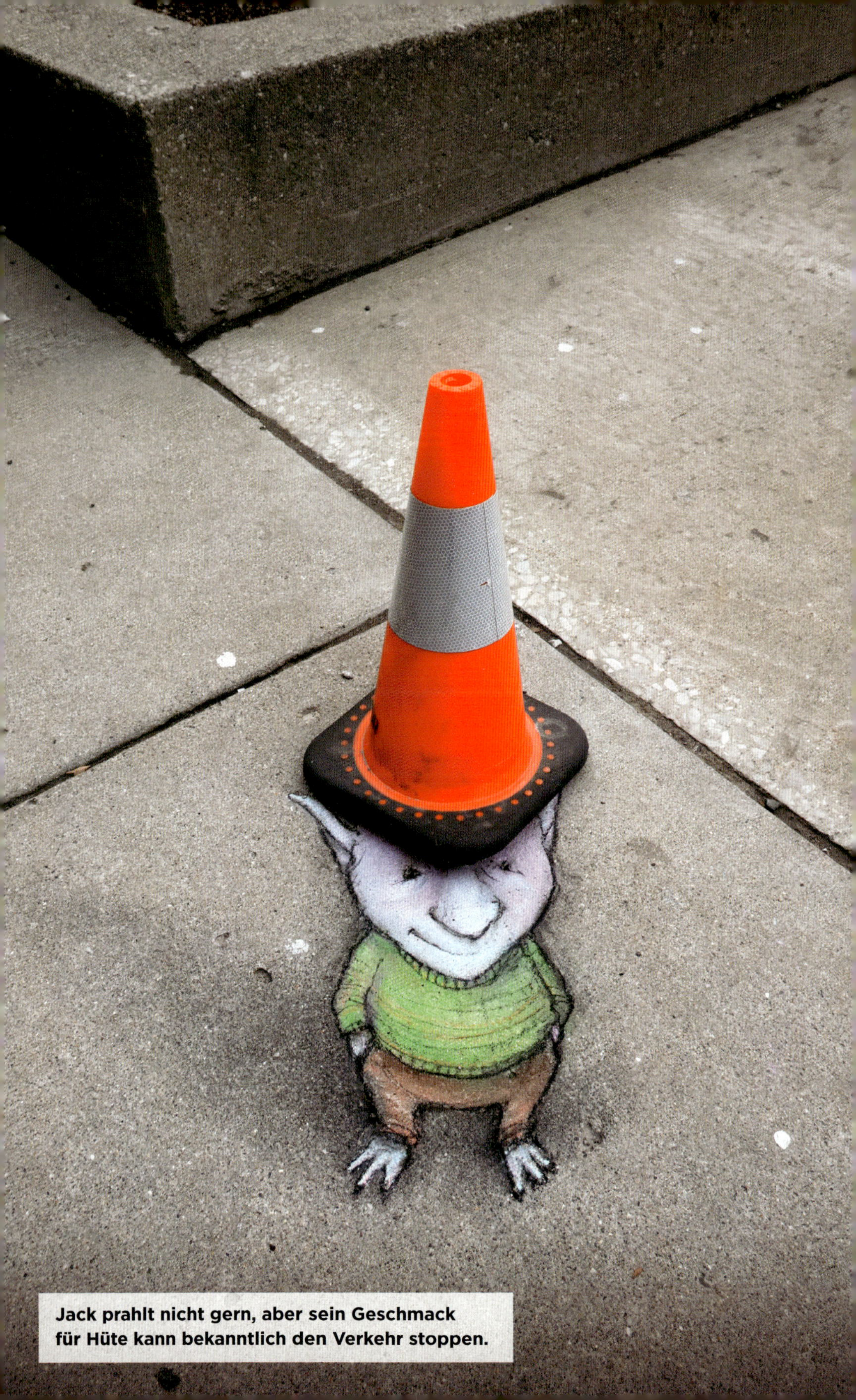

Jack prahlt nicht gern, aber sein Geschmack für Hüte kann bekanntlich den Verkehr stoppen.

Anamorphose

VERZERRUNG, DEHNUNG UND DIE BEDEUTUNG DES BLICKWINKELS

Bald nachdem ich damit begonnen hatte, meine imaginären Freunde im Freien aufs Trottoir zu zeichnen, anstatt sie auf einem Blatt Papier oder einem Computerbildschirm in einen vorgegebenen Rahmen einzufangen, war es nur natürlich, dass ich sie zu einem echten Bestandteil der realen Welt machen wollte. Zum Glück gibt es einen Kunsttrick, der genau das bewirkt: Anamorphose.

Anamorphose kann auf vielerlei Art bei Zeichnungen, Gemälden und sogar Skulpturen erreicht werden, aber es ist im Wesentlichen eine Verzerrung eines Bildes oder Gegenstands, das oder der von einem bestimmten Standort her gesehen werden soll. Stehst du (oder ein Fotoapparat) auf der perfekten Stelle, so sieht das Bild „normal“

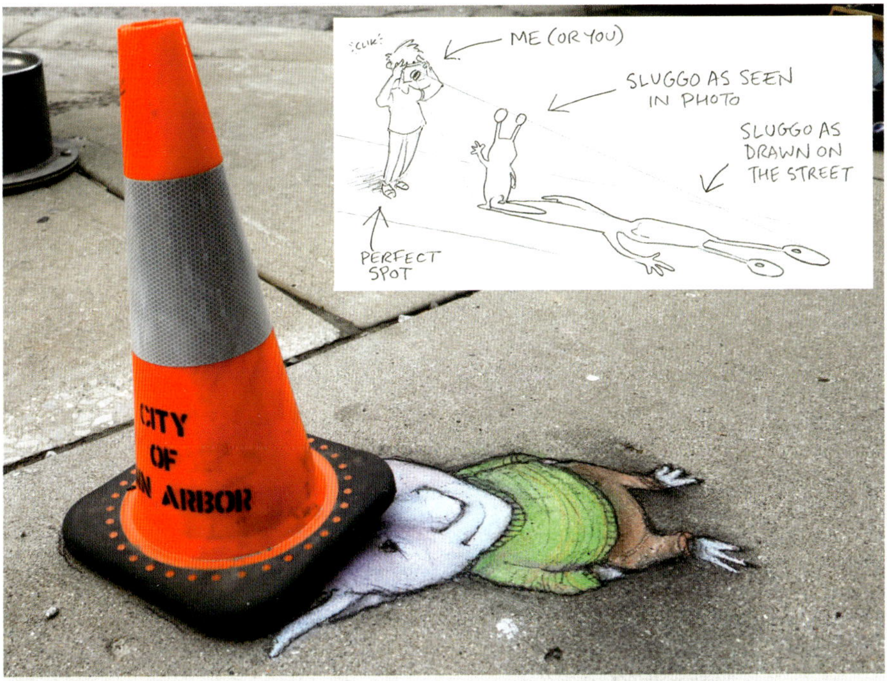

Wie funktioniert das 3D-Ding?

aus und sogar dreidimensional, wenn du das willst. Betrachte es von irgendwo anders her, und der Trick funktioniert nicht.

Das stellt eine Herausforderung für die anamorphotische Kunst im öffentlichen Raum dar, denn jeder Künstler muss für sich entscheiden, wie weit er den Betrachtern um sich herum dabei hilft, diesen „magischen Standort“ zu finden. Draußen auf der Straße kann man ihn leicht übersehen; Passanten sind stehengeblieben, um mich zu fragen, ob ich, wenn ich diese „3D-Illusionen“ zeichne, direkt davor, aber doch ein kleines bisschen weiter seitlich stehe, um die Verzerrung auch sehen zu können. Viele Straßenkünstler machen sich die Mühe, diesen wichtigen Standort mit Fußabdrücken und auch Erklärungen zu markieren, oder sogar Plattformen zu bauen, um so das ideale Kunsterlebnis zu vermitteln. Andere, wie auch ich, überlassen es dem Betrachter, diese optimale Stelle selber zu finden; wir setzen darauf, dass die eigene Entdeckung denen, die sie finden, ein unvergleichlich größeres Kunsterlebnis gewährt und dass es daher entschuldbar ist, wenn wir so viele andere Betrachter im Dunkeln tappen lassen.

Die größte Herausforderung beim Erlernen der Technik der Anamorphose ergibt sich freilich daraus, dass fast jedes verfügbare Foto solcher Kunstwerke von der perfekten Stelle aus aufgenommen wurde, wo diese Illusion „funktioniert“. Das kann nicht überraschen, denn niemand würde sich die Mühe machen wollen, dein Auge zu täuschen, um diesen Effekt dann zu ruinieren, indem er oder sie dir zeigt, wie der Trick gemacht wurde. Weil ich aber mehr Menschen dabei helfen möchte, ihre imaginären Freunde auf den Bürgersteig freizulassen, habe ich auf den folgenden Seiten mehrere „richtige“ und „falsche“ Bilder nebeneinander gesetzt. Gleich am Anfang meiner Erläuterungen zur Anamorphose habe ich (auf Seite 33) ein Diagramm eingefügt, das die Erklärung weitergibt, die mir in Workshops und auf der Straße am nützlichsten erschien. Grundsätzlich gilt, dass die anamorphotische Zeichnung dieselbe Form hat, die der Schatten des betrachteten (oder aufgenommenen) Objekts haben würde, wenn das Auge (oder die Kamera) die Sonne wäre:

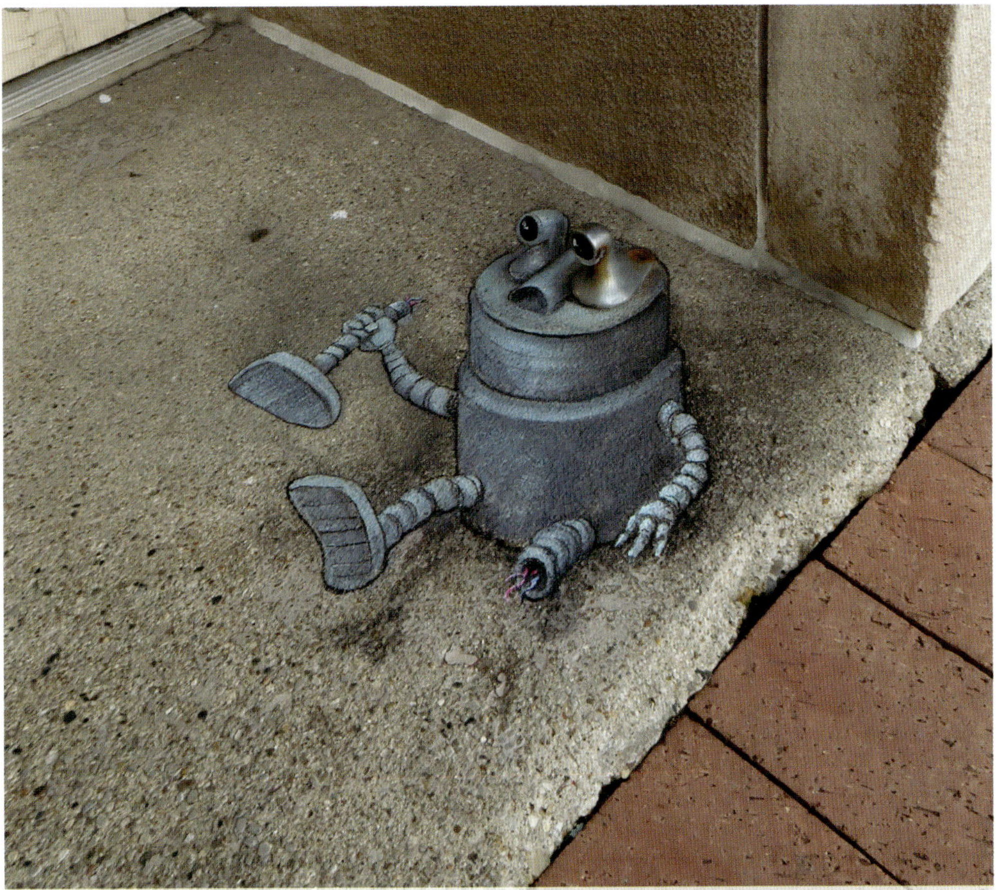

Timothy ist nur einen Fuß davon entfernt, ein Selfmade-Mann zu werden.
Acrylfarbe auf gefälligem Türstopper, Columbus, IN

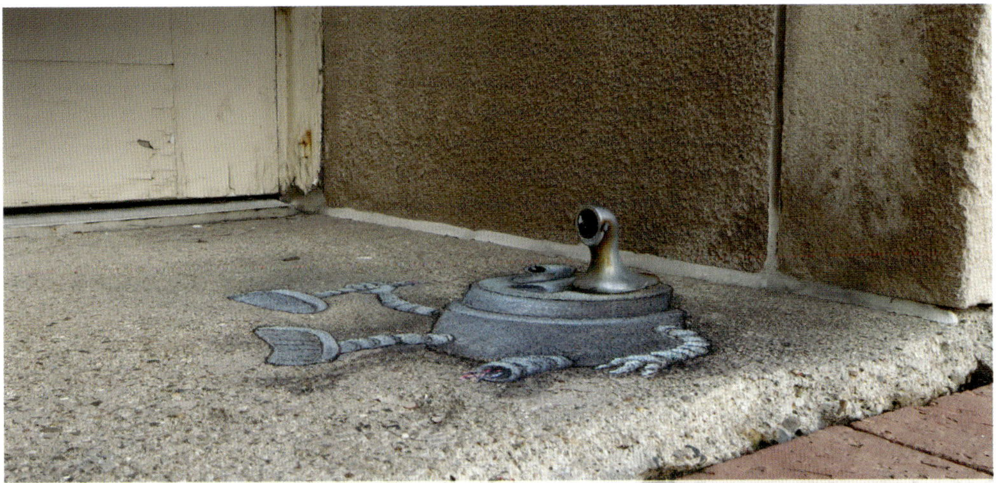

Durch einen anderen Kamerawinkel ist Tim die Luft ausgegangen.

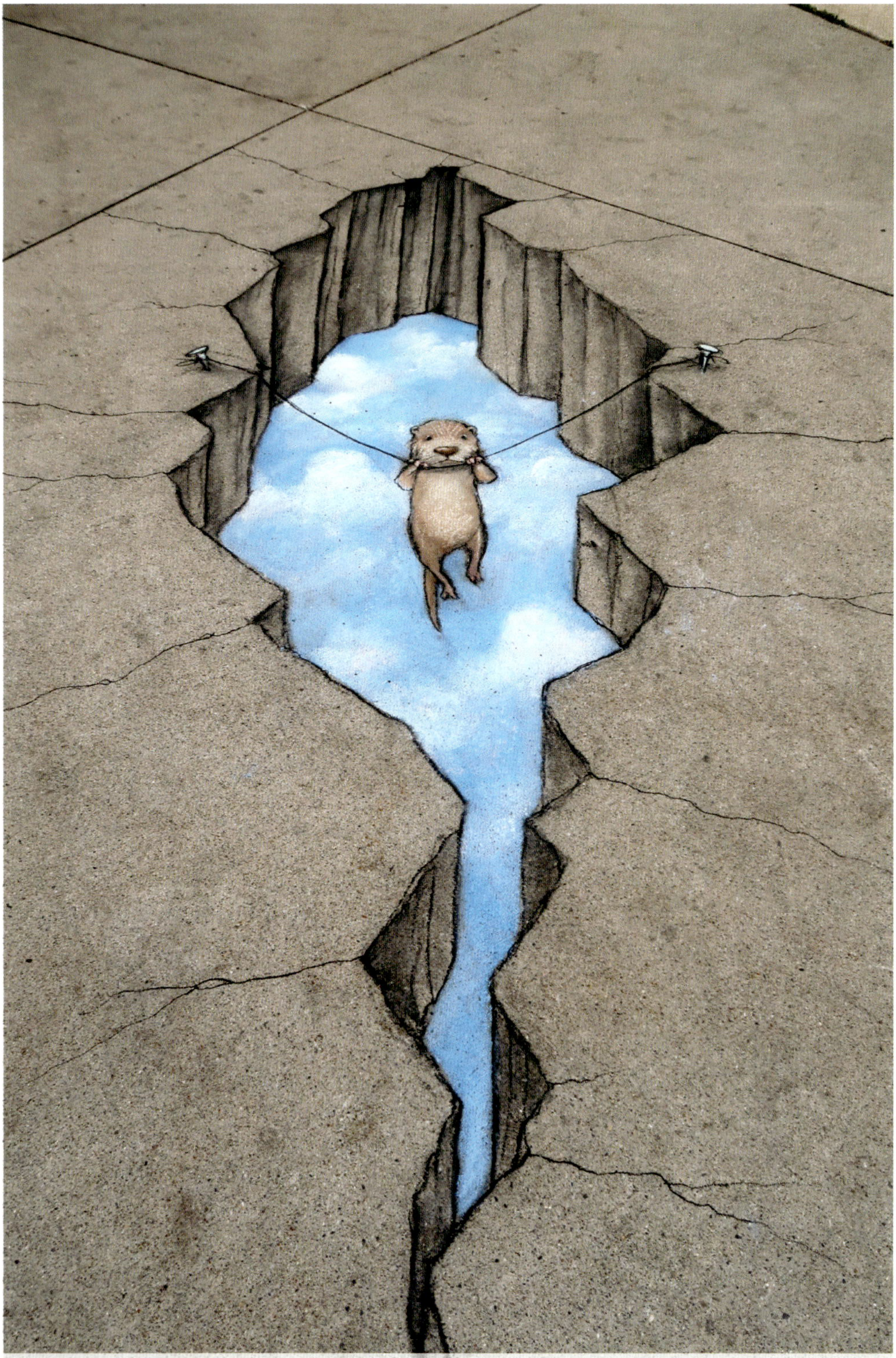

Otter überlegt es sich noch einmal.

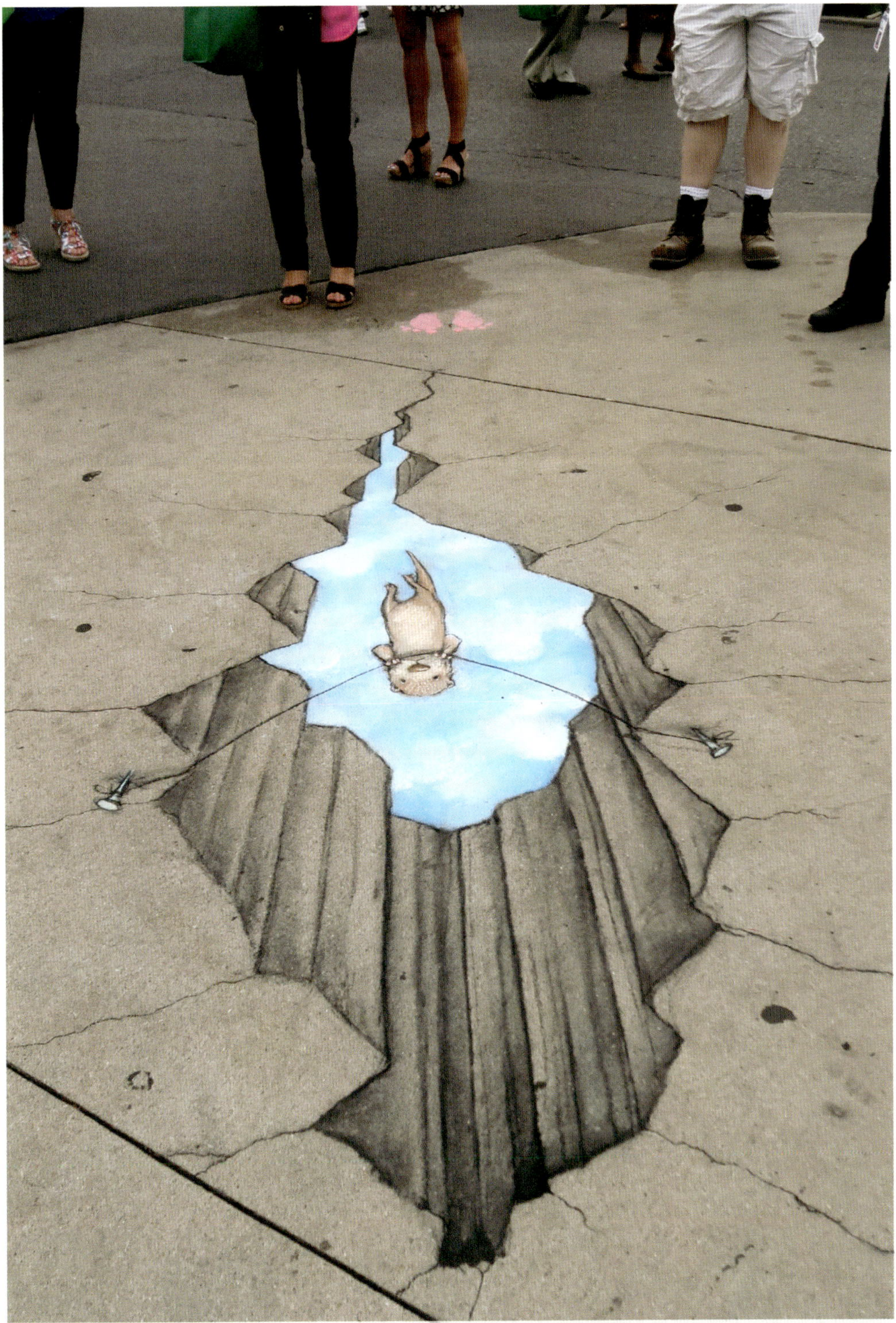

Otter überlegt es sich noch einmal – umgekehrt; beachte die hellrosa Fußabdrücke, von wo aus das voranstehende Foto aufgenommen wurde.

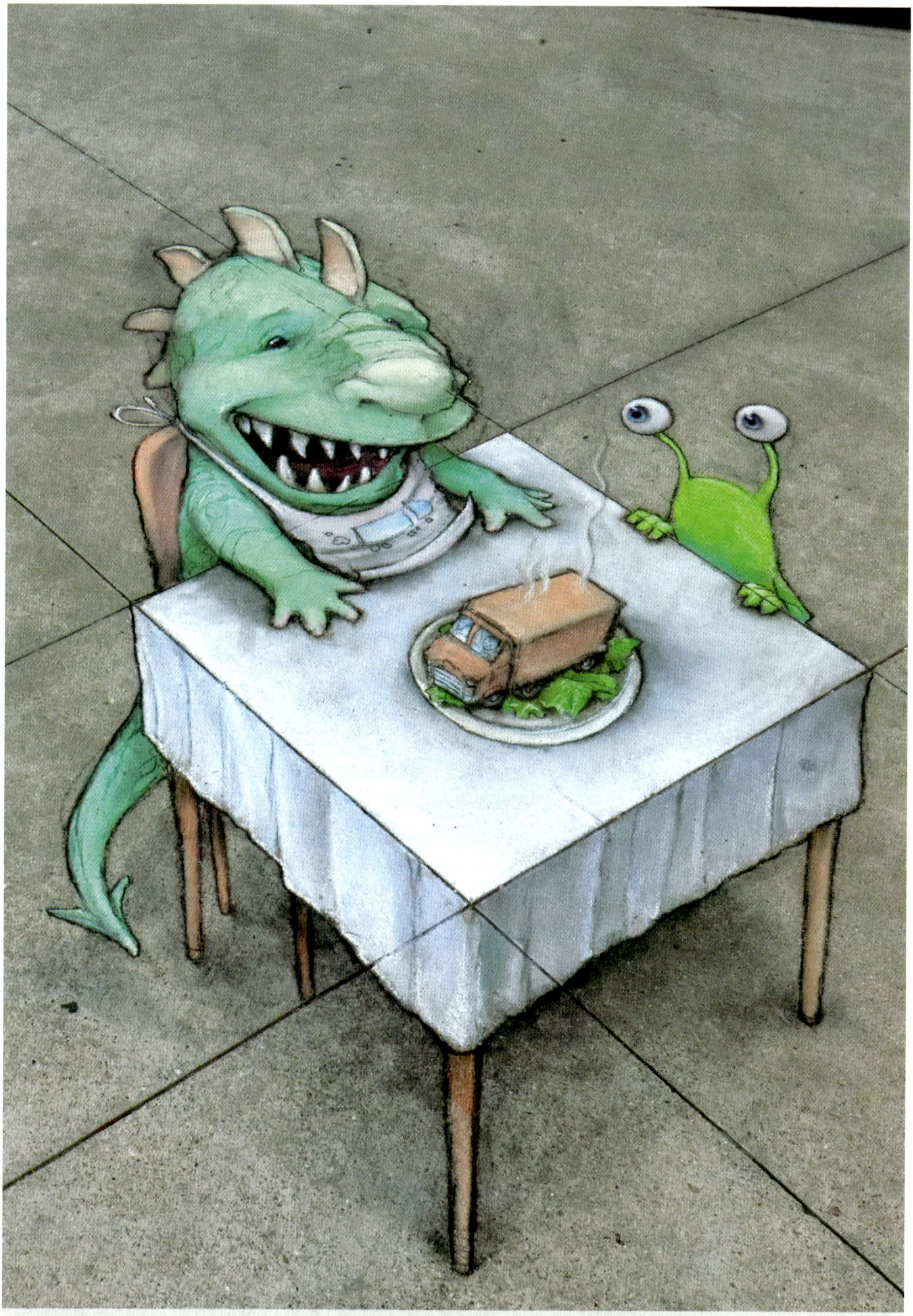

Sluggo begriff allmählich, dass es mehr als nur eine Definition von „Imbisswagen" gibt – und selbst dann war er nur die zweitüberraschteste Person am Tisch.

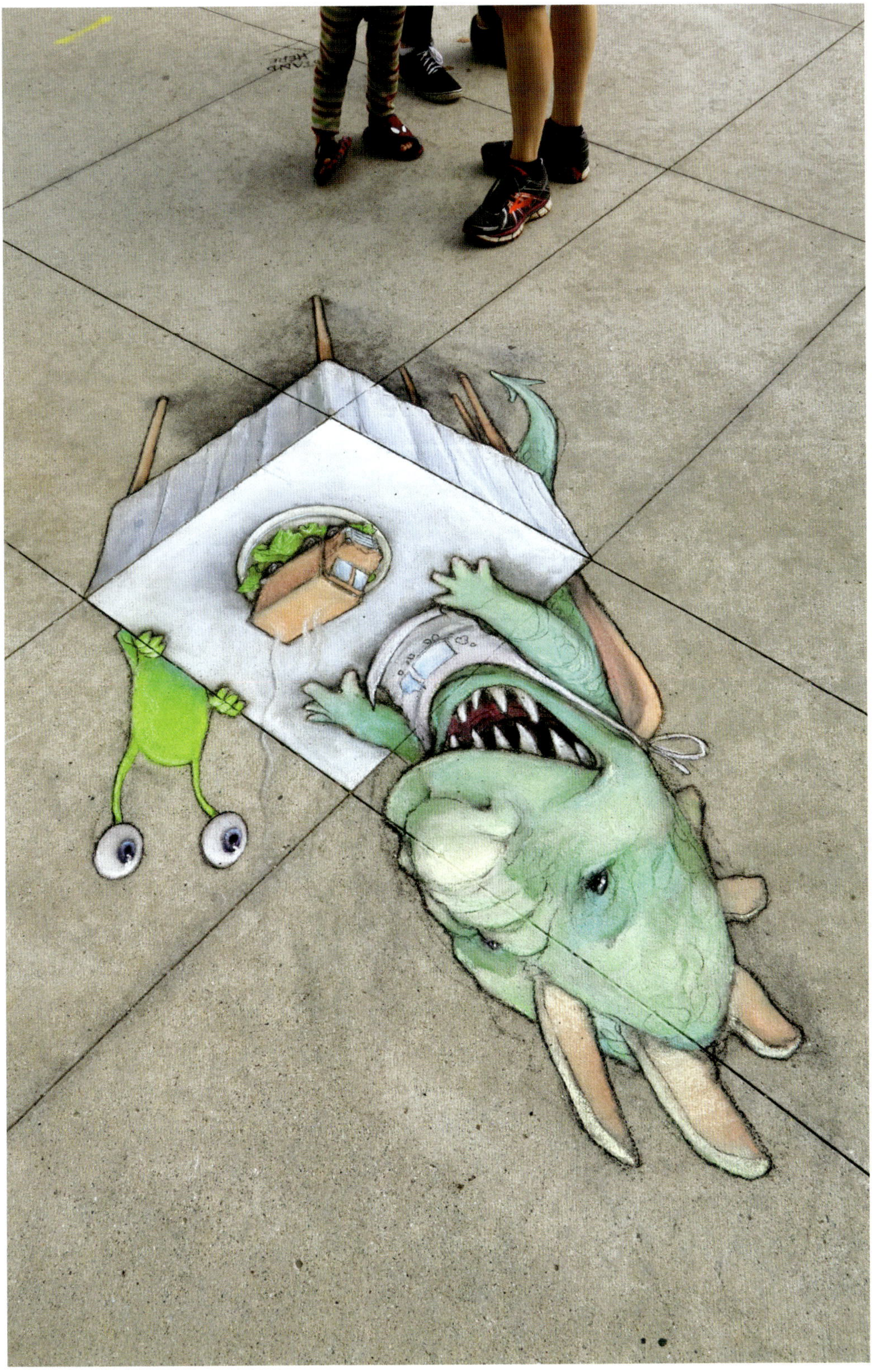

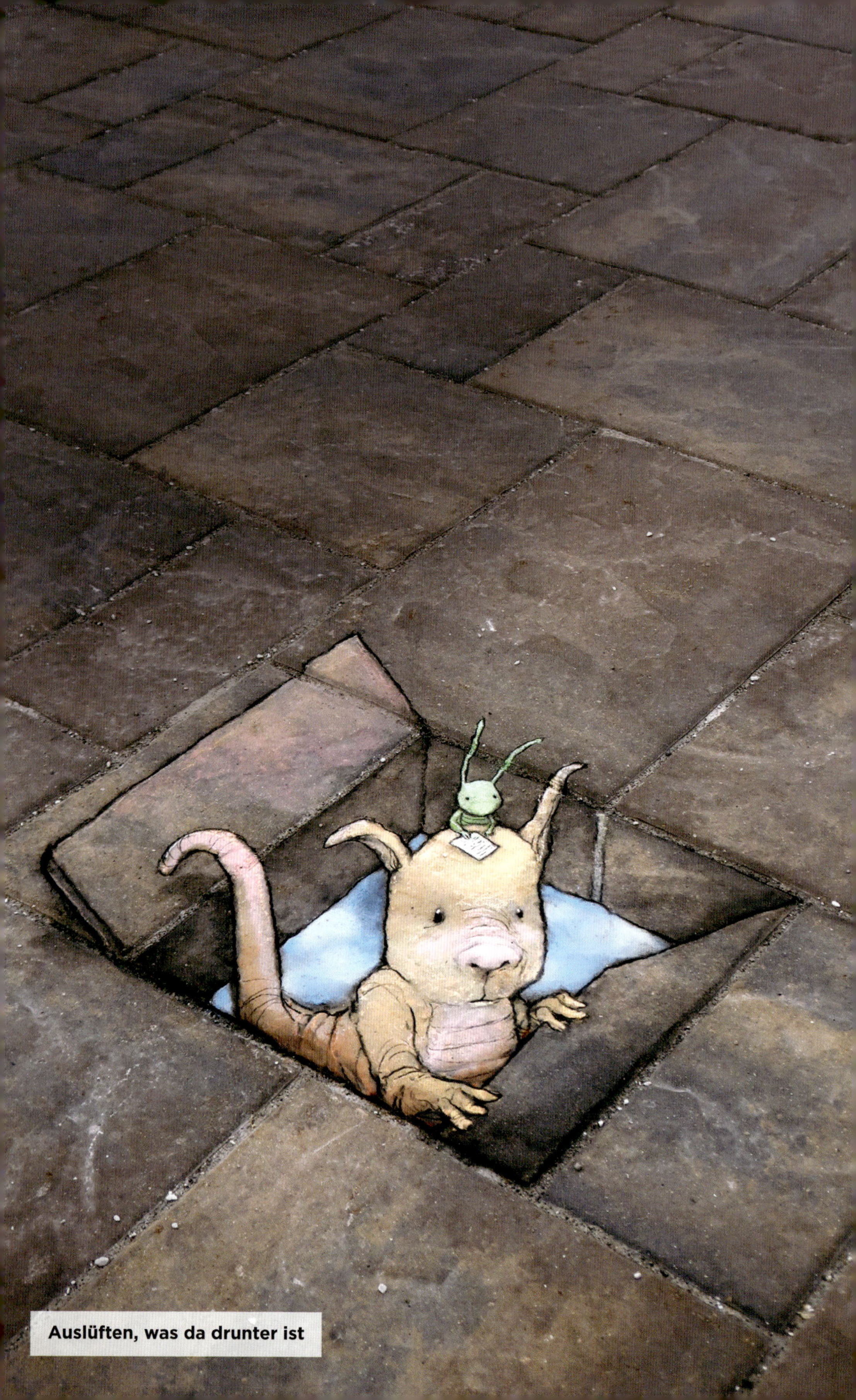

Auslüften, was da drunter ist

Über Löcher und Spalten

Anamorphotische Verzerrungen machen es erforderlich, dass, um dem Effekt der Perspektive entgegenzuwirken, ein Bild mit zunehmender Entfernung vom Standpunkt des Betrachters aus nicht kleiner, sondern größer wird. Daher kann die Erstellung einer wirklich beeindruckenden 3D-Illusion leicht eine sehr große Fläche in Anspruch nehmen, was gute Planung voraussetzt und viel Zeit kostet.

Nichts von all dem ist gut möglich, wenn du an einer Straßenecke eine Zeichnung improvisierst und nur ein paar Stunden Zeit hast. Das ist ein Grund, warum meine Zeichnungen meistenfalls als kleine Kreaturen dir zu Füßen auftauchen und nicht als riesige Höhlen, die sich bis hin zum Horizont erstrecken. Kleine Löcher und Vertiefungen aber sind nützlich; da sie sich nach unten in die Erde eindrücken, anstatt aufrecht obendrauf zu stehen, müssen sie sich gar nicht groß strecken. Übrigens, wenn du wirklich jemanden überraschen willst, brauchst du ihm nur den festen Boden unter den Füßen wegzunehmen.

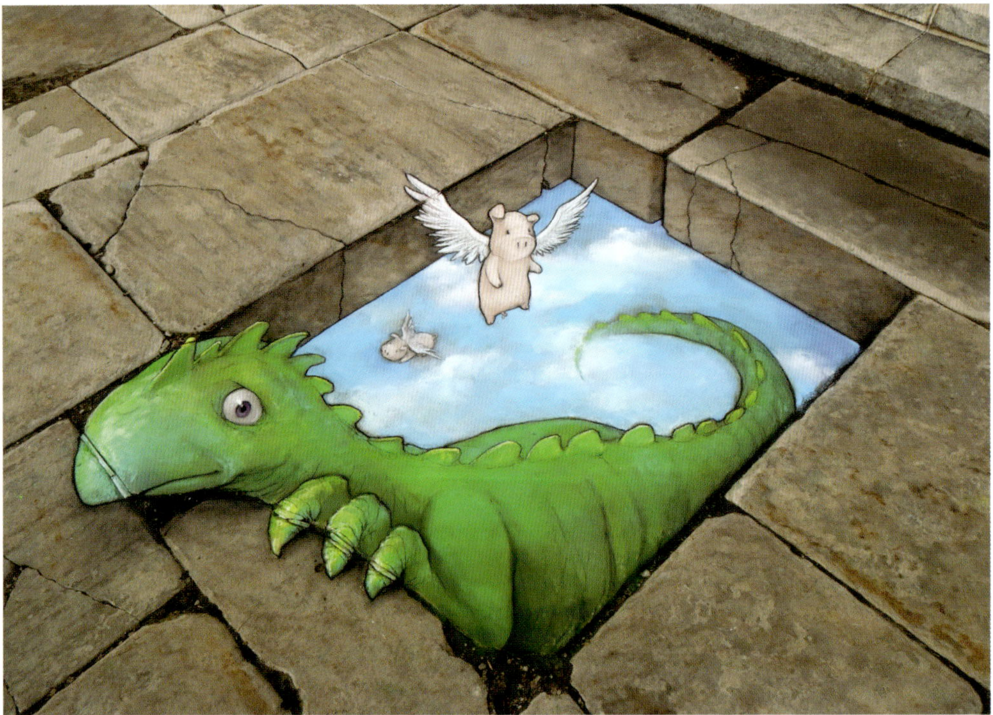

Schwanz und Flügel sind zum Schlagen da.

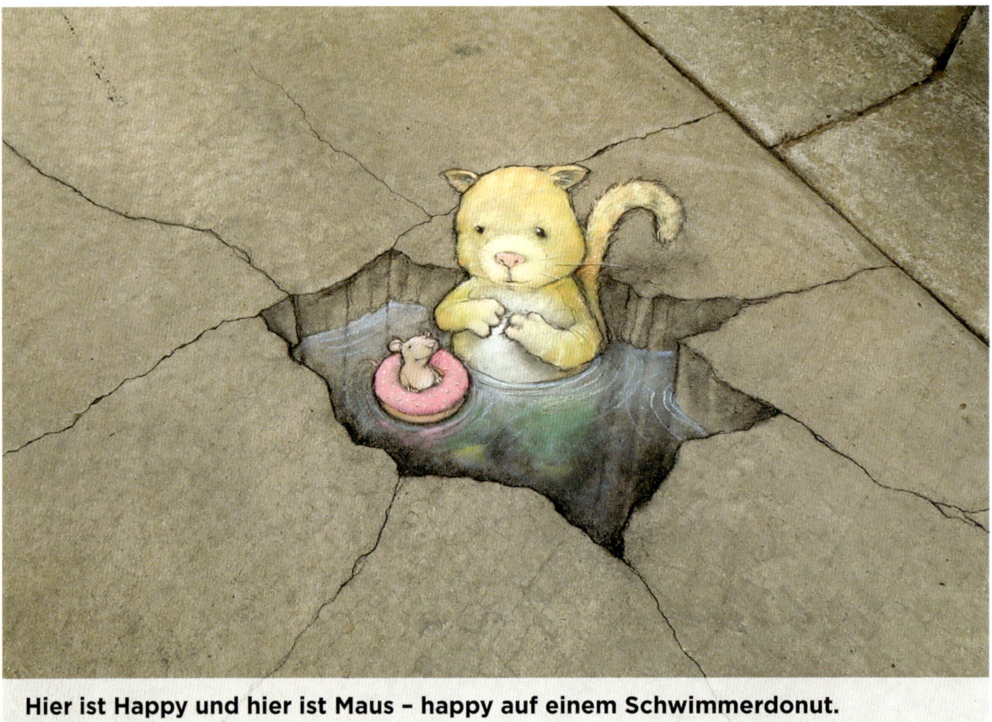

Hier ist Happy und hier ist Maus – happy auf einem Schwimmerdonut.

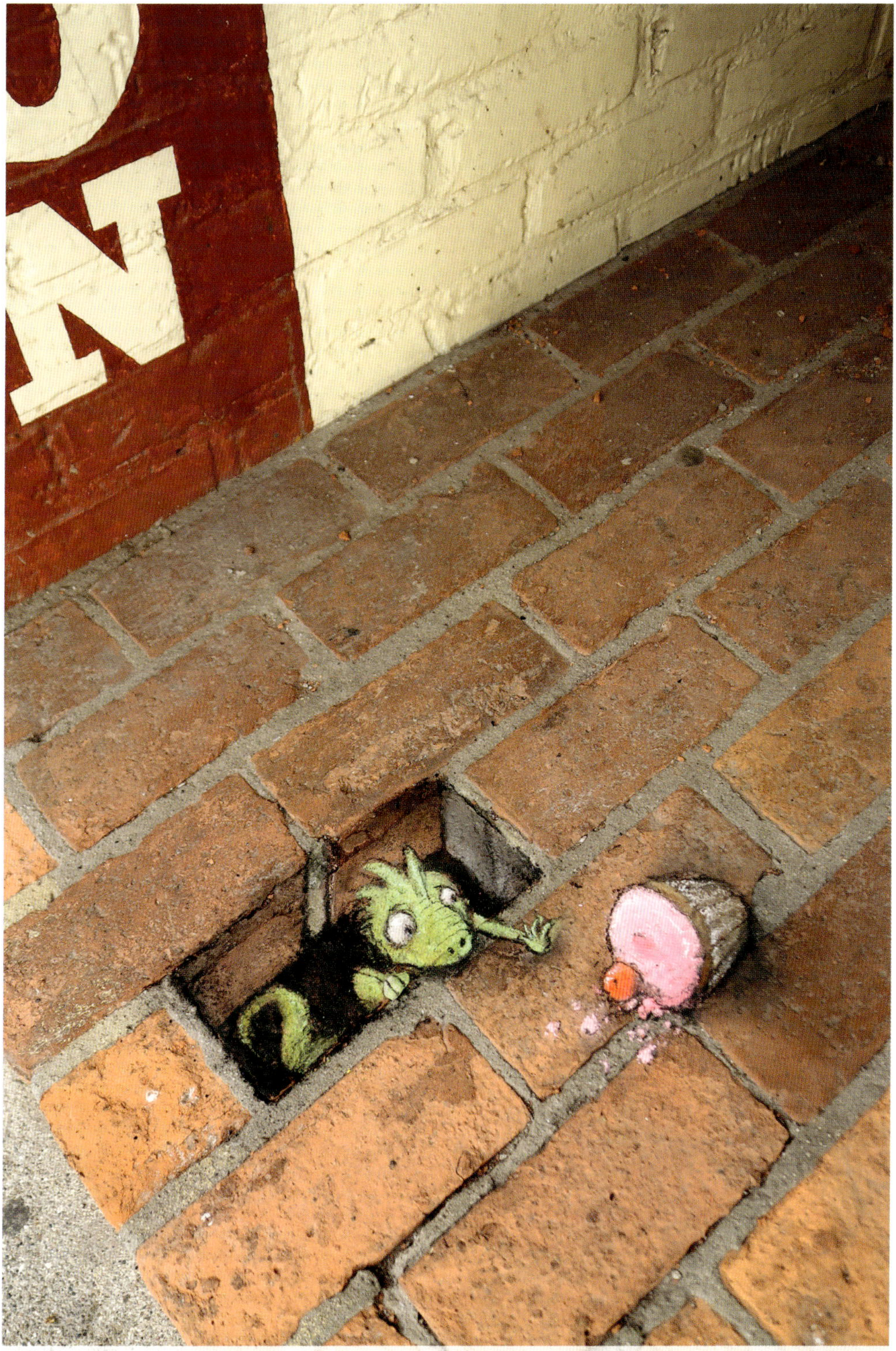

Roger trainiert, um die Fünf-Sekunden-Regel zu schlagen.

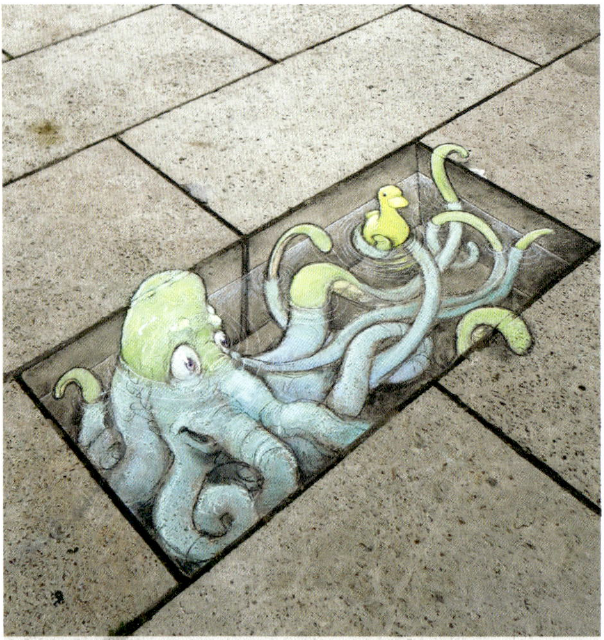

Badezeit für Octopus

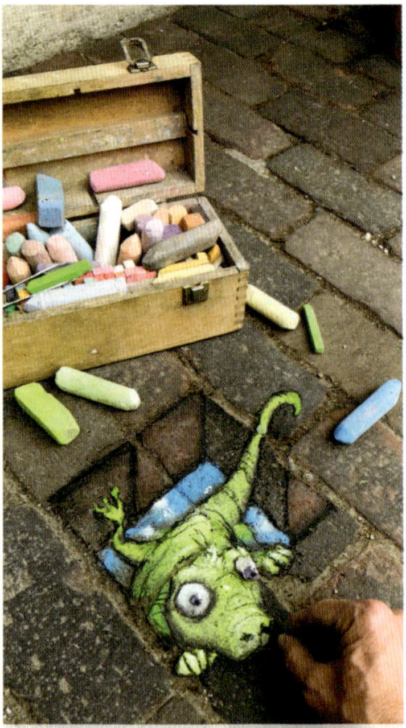

Raus aus der Box

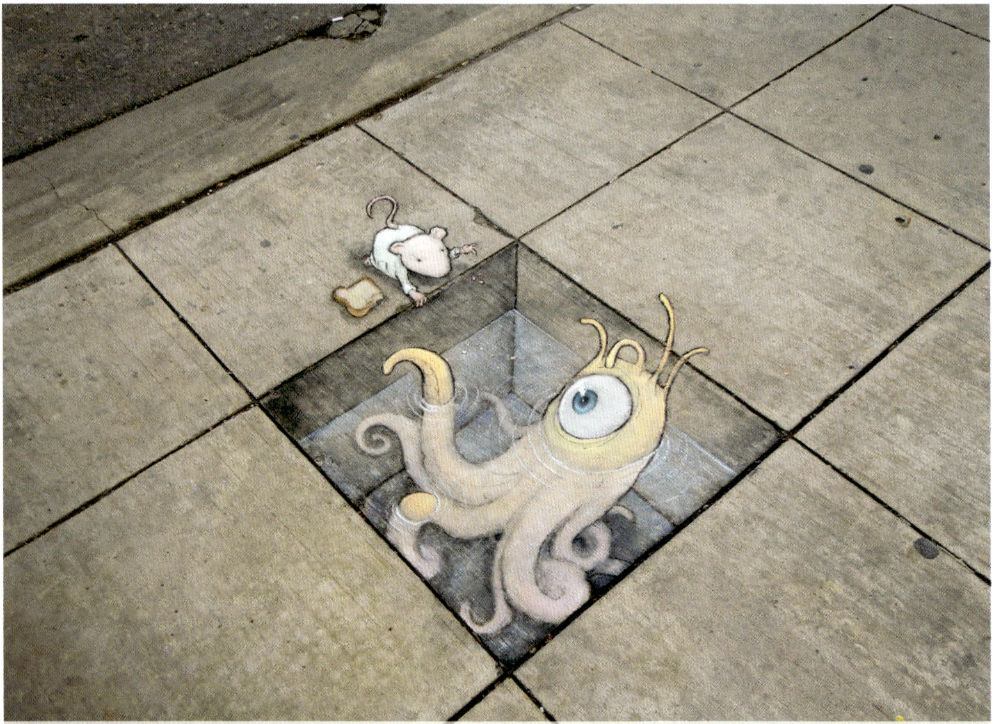

Harold hatte einen Schinken-und-Thunfisch-Salat mit Ei und Erdnussbutter probiert. Langsam kam ihm der Verdacht, sein Freund esse gar keine Sandwiches.

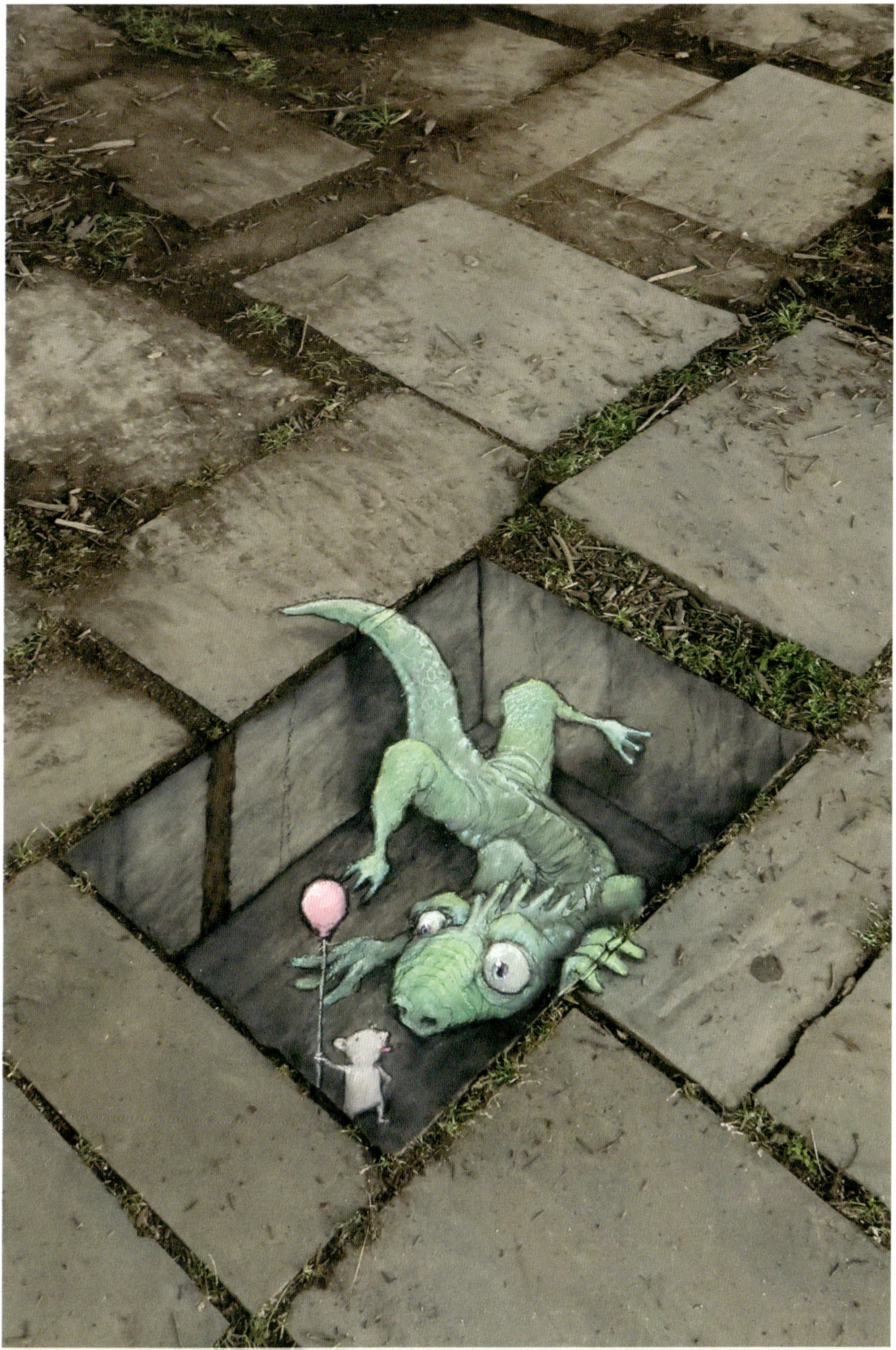

Ballon > Drache

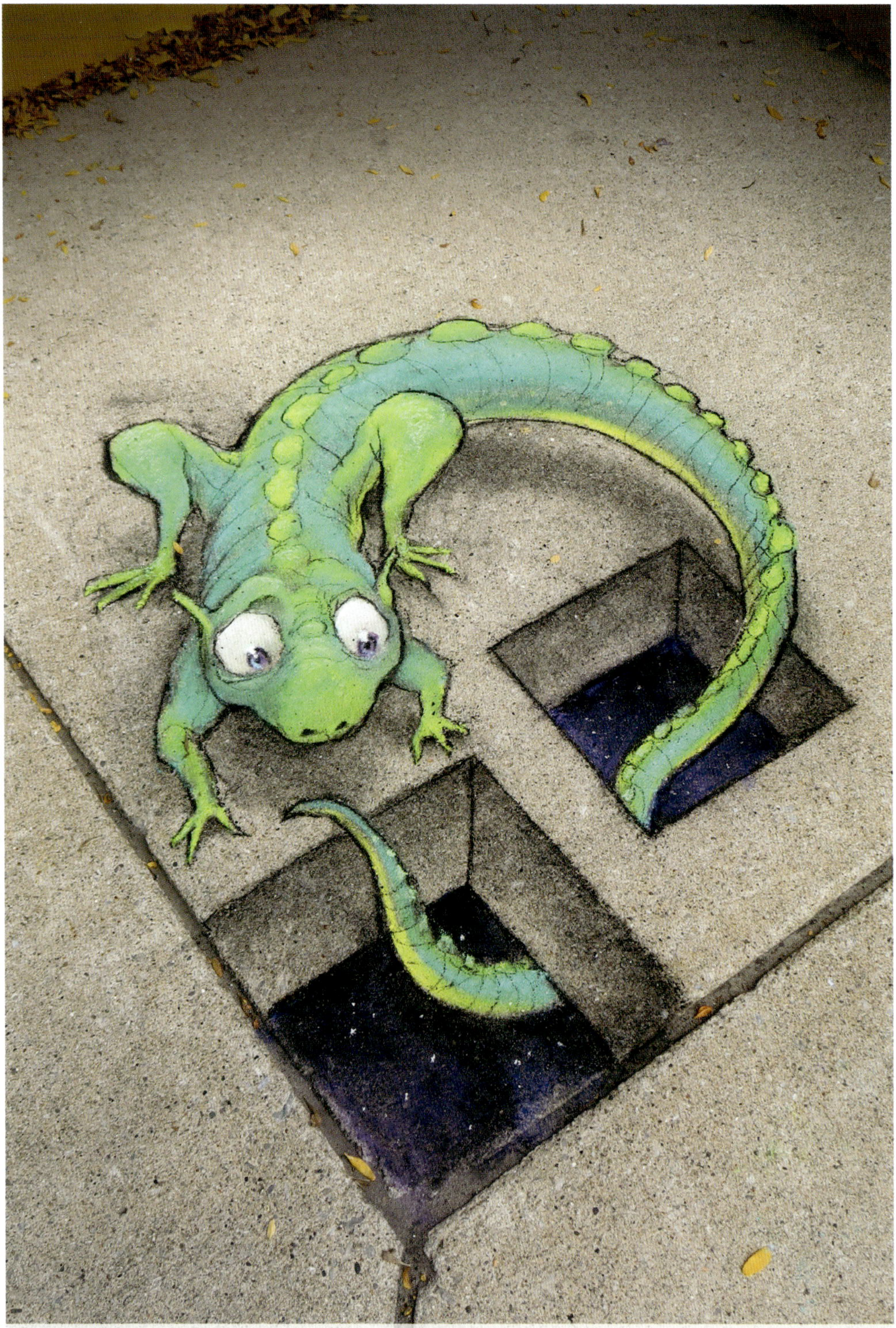

Stevens Ängste rühren hauptsächlich von einem langen Schwanz und einer kurzen Aufmerksamkeitsspanne her.

Diese Zeichnung war das Endergebnis einer einstündigen Kreidevorführung im Krankenhaus der University of Michigan und kam unter der Begleitung der ortsansässigen Musikerin Magdalen Fossum zustande. Bei dieser Gelegenheit machte ich zwei nützliche Entdeckungen:

1. **Das Geräusch vom Verschmieren von Kreide auf dem Straßenpflaster ist fast so laut wie eine Ukulele.**
2. **Das Tempo von „Dinah" und „Tonight You Belong to Me" eignet sich vorzüglich fürs Verschmieren.**

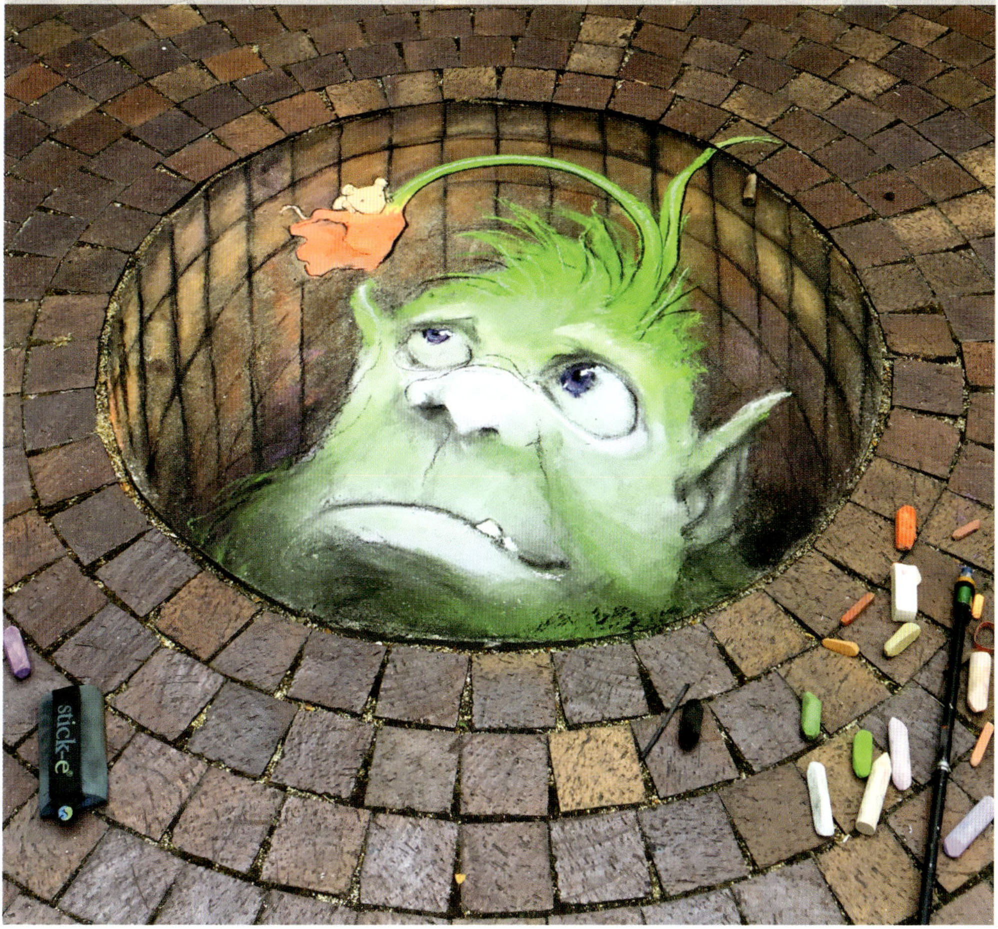

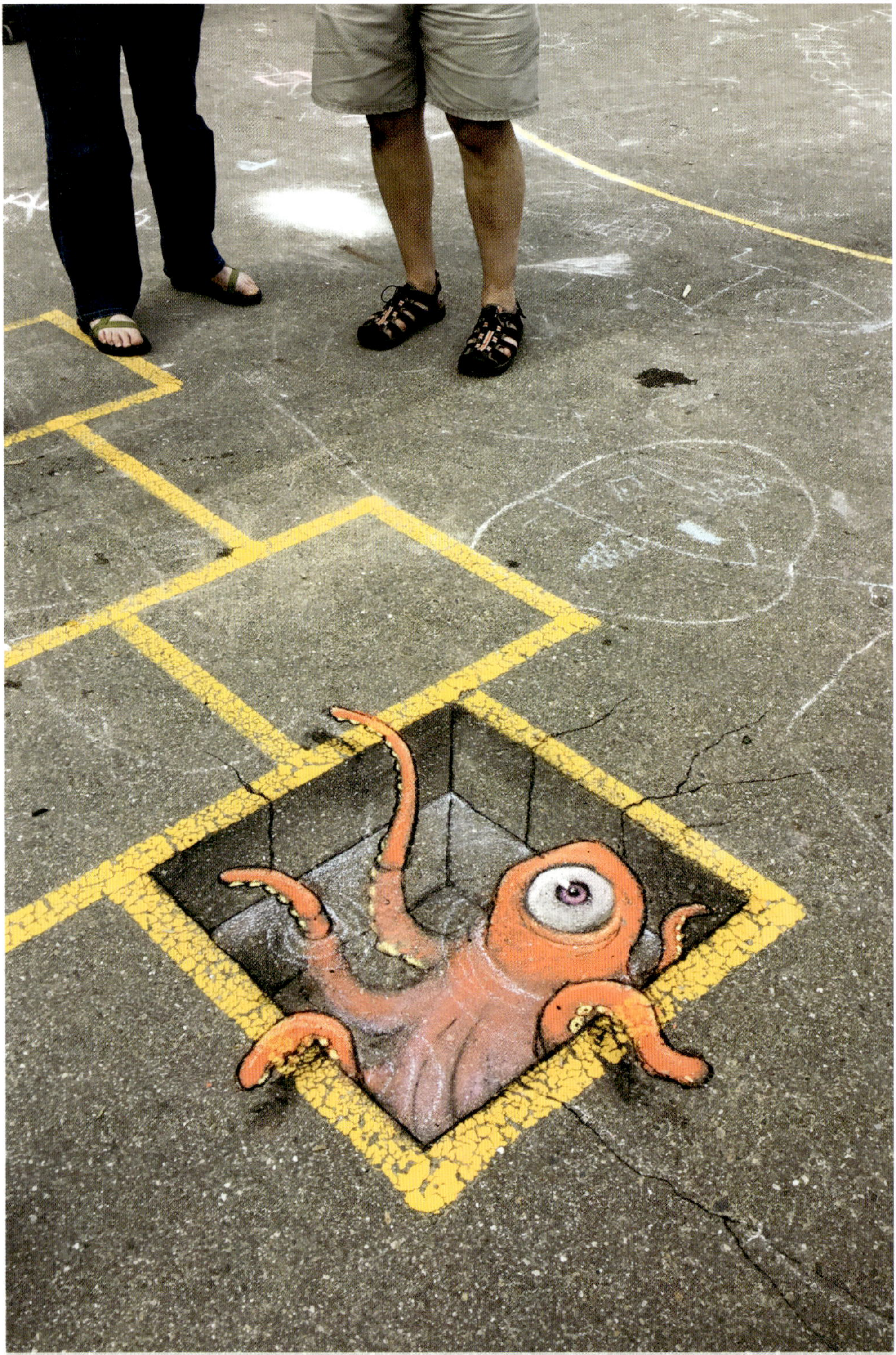

Hüpfspiel „Himmel und Hölle" Schwierigkeitsgrad: Tintenfisch

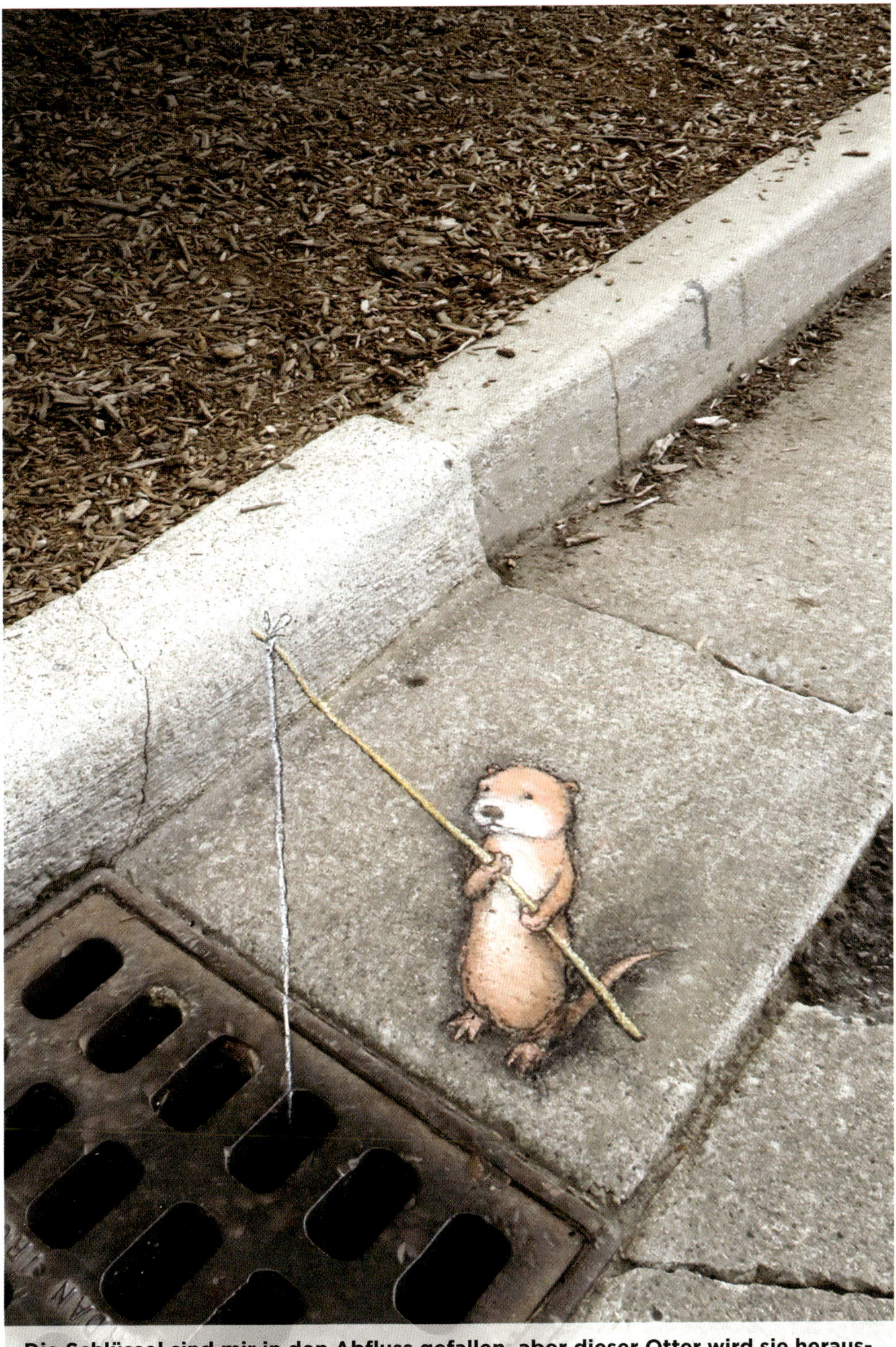

Die Schlüssel sind mir in den Abfluss gefallen, aber dieser Otter wird sie herausfischen.

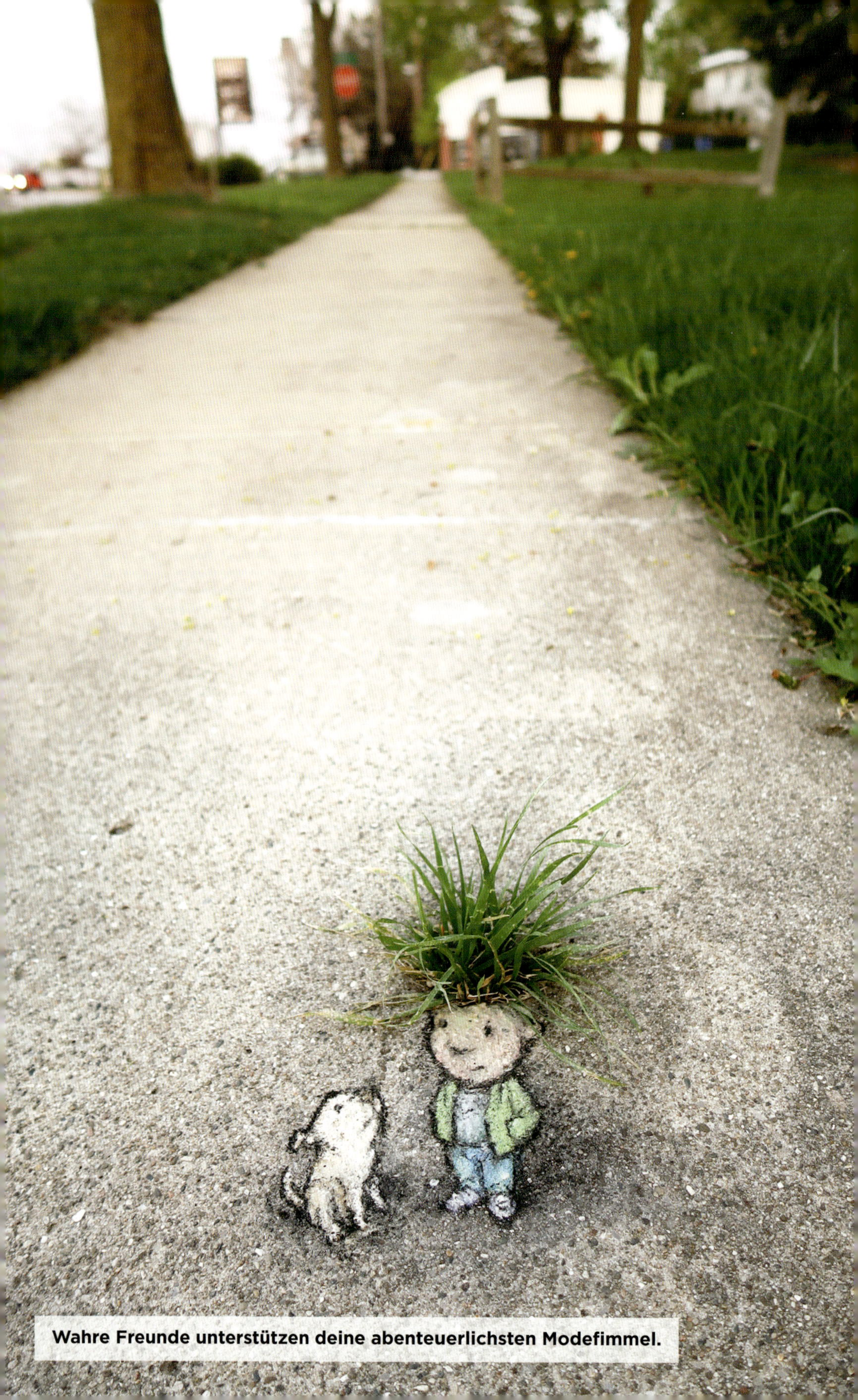

Wahre Freunde unterstützen deine abenteuerlichsten Modefimmel.

Es ist leichter, grün zu sein, wenn du in zahlreicher Gesellschaft bist.

STREETART AUS BIOLOGISCHEM ANBAU

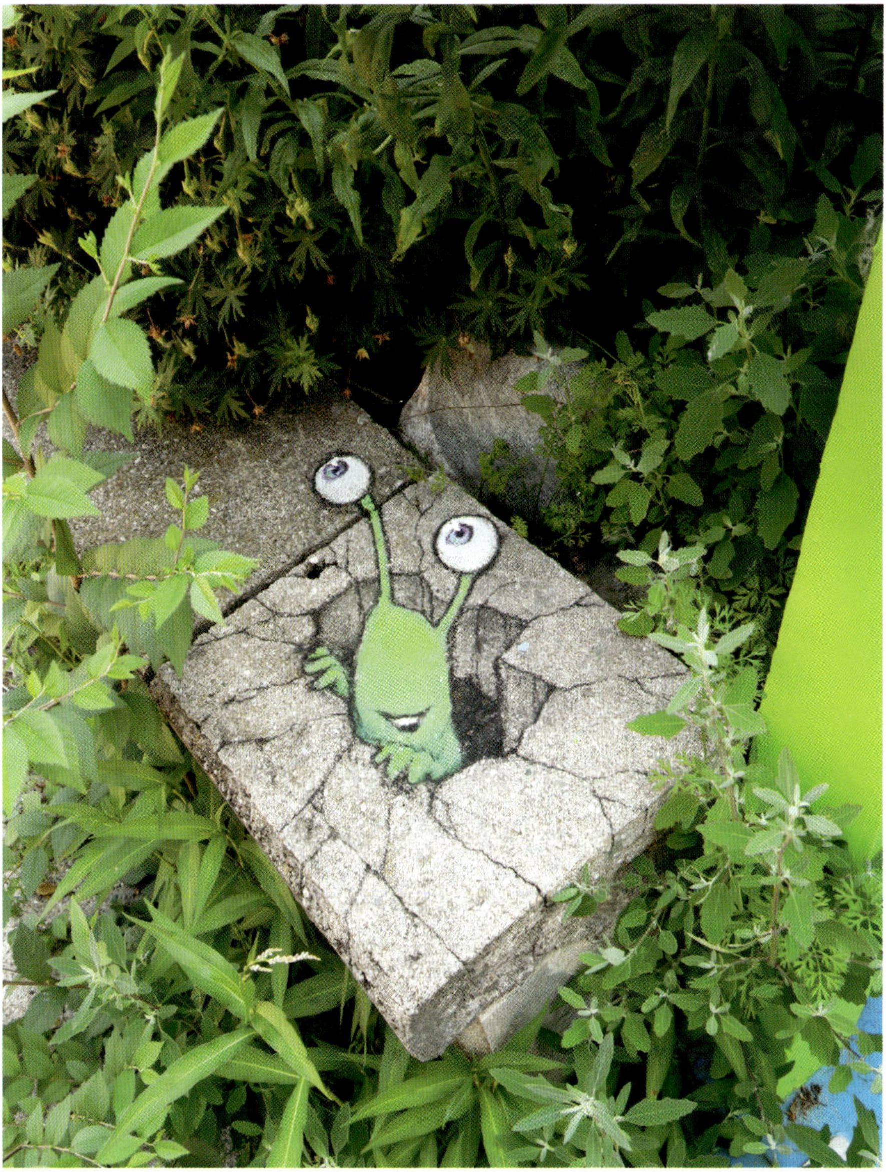

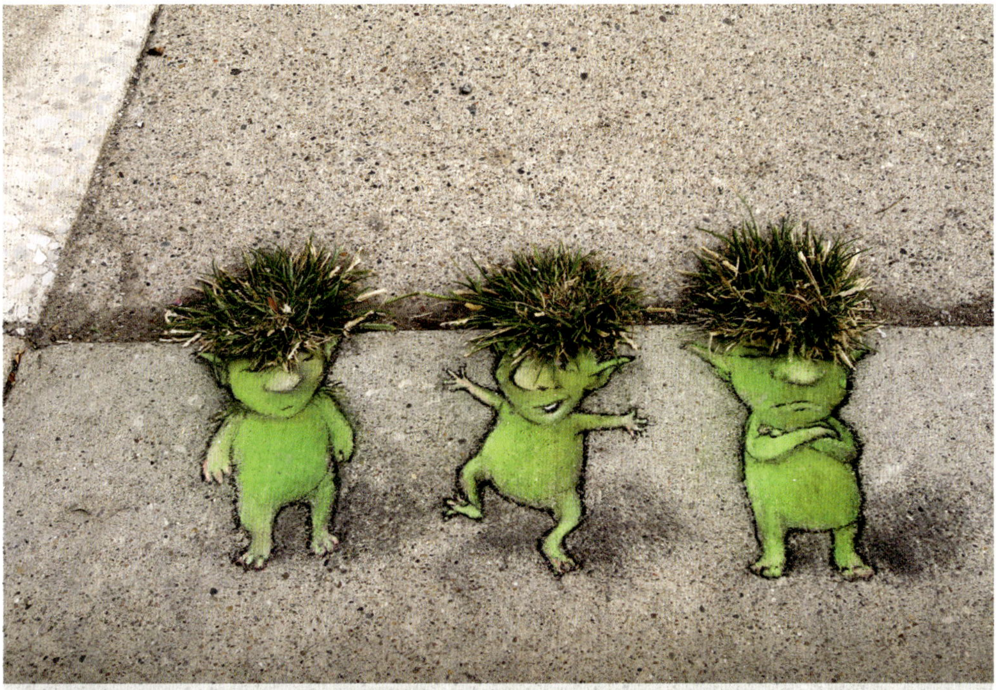

Es gibt immer einen, der es nicht hinkriegt, sich an einem Crazy-Hair-Day cool zu zeigen.

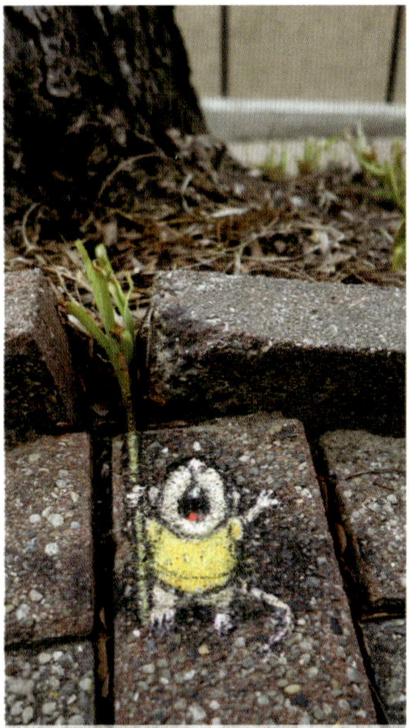

Keine Angst, ihr guten Leut'! König Frühling ist es, der einzieht und so schreit.

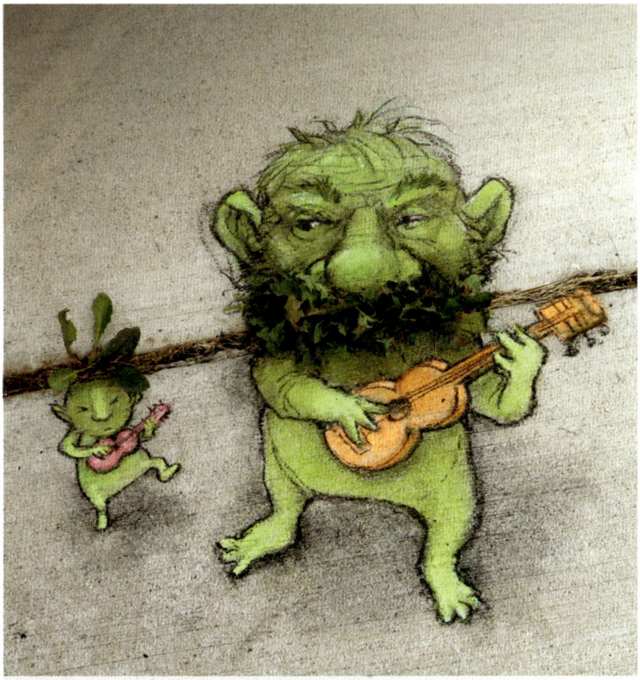

Duellierende Frühlingstrolle

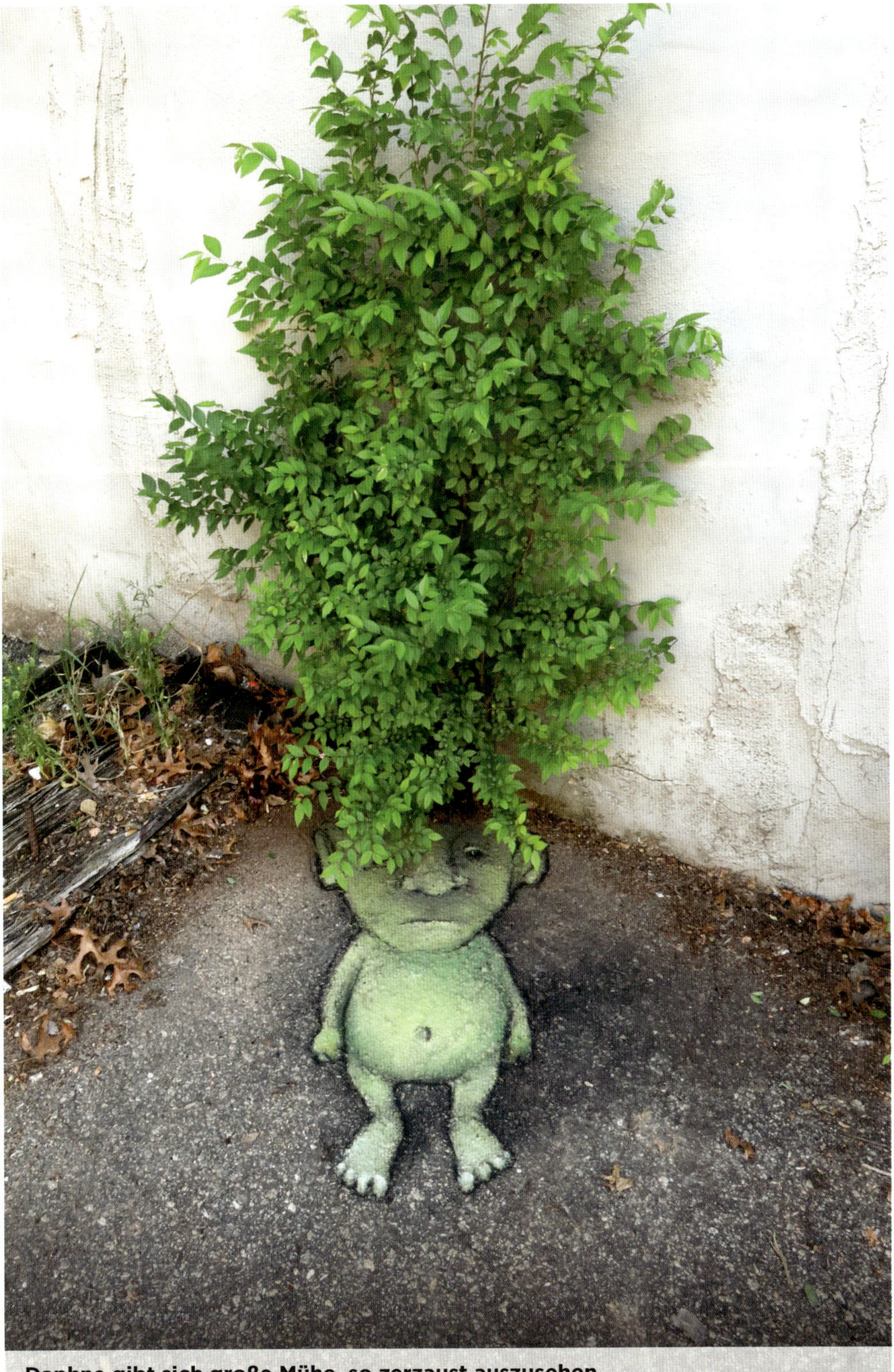

Daphne gibt sich große Mühe, so zerzaust auszusehen.

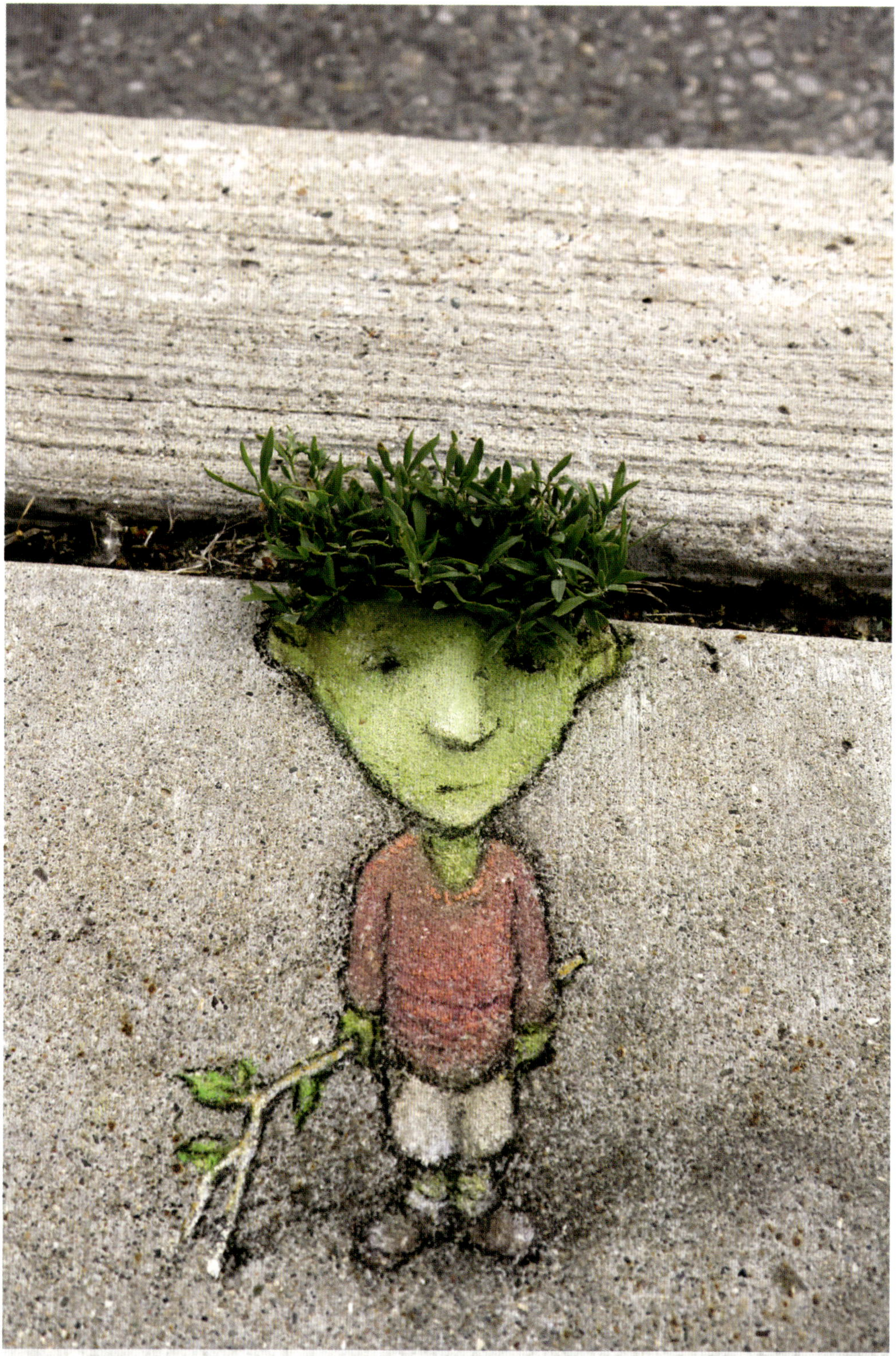

Der mehrjährige Millenial

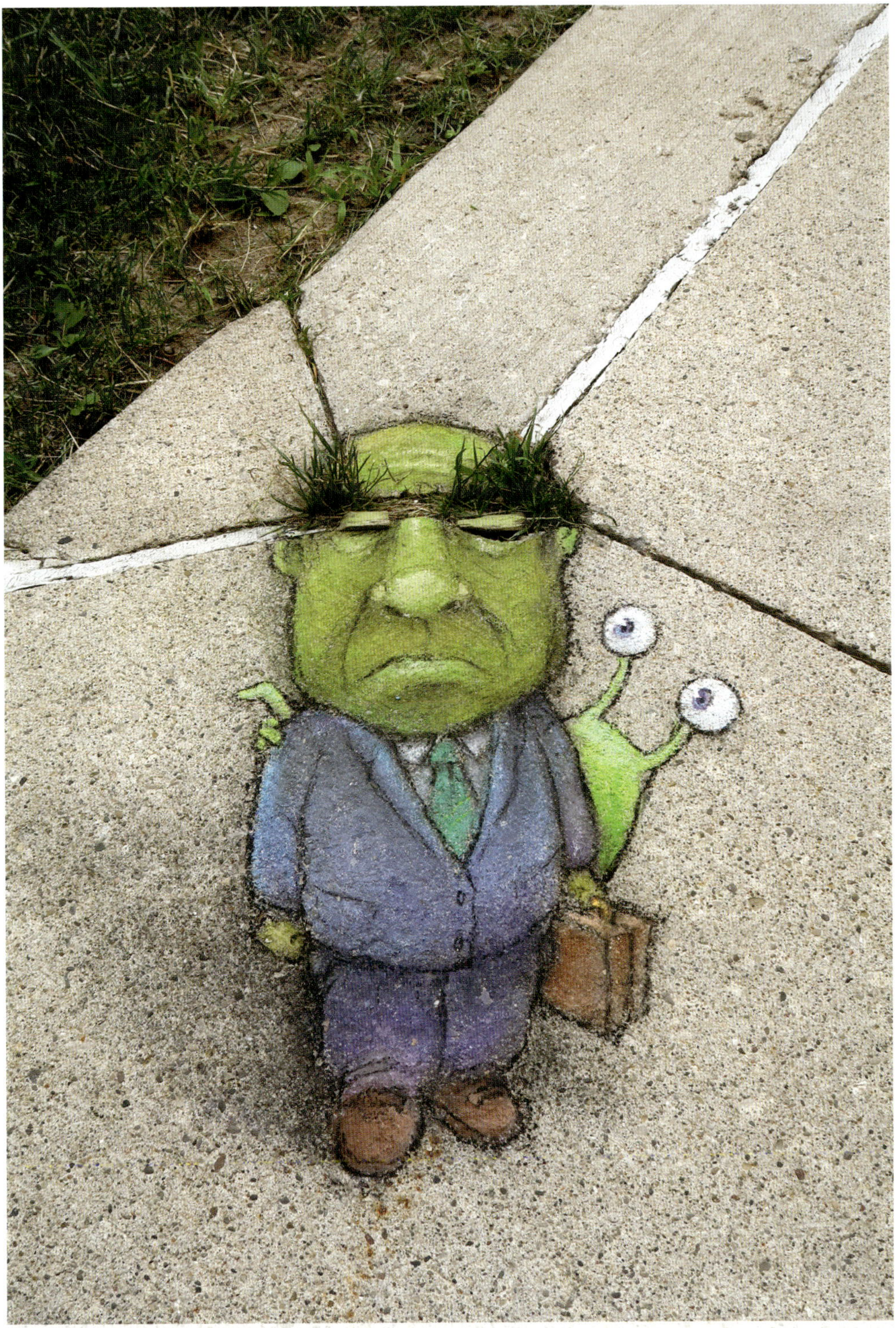

Horace Grünbraue glaubt an großes persönliches Wachstum innerhalb ganz bestimmter Parameter.

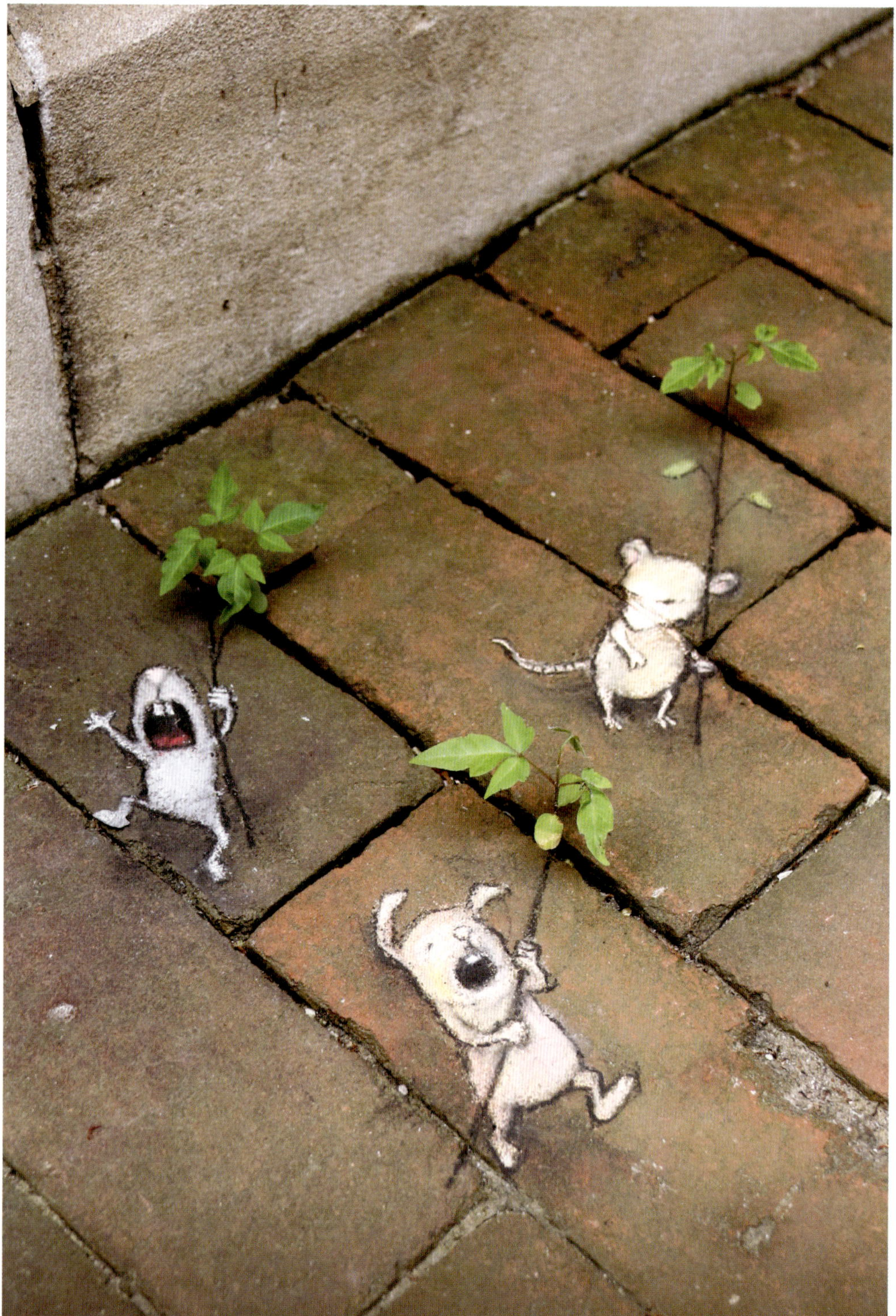

Das Setzlingsparadekorps: zwei Drittel ungezügelter Enthusiasmus, ein Drittel kochende Wut

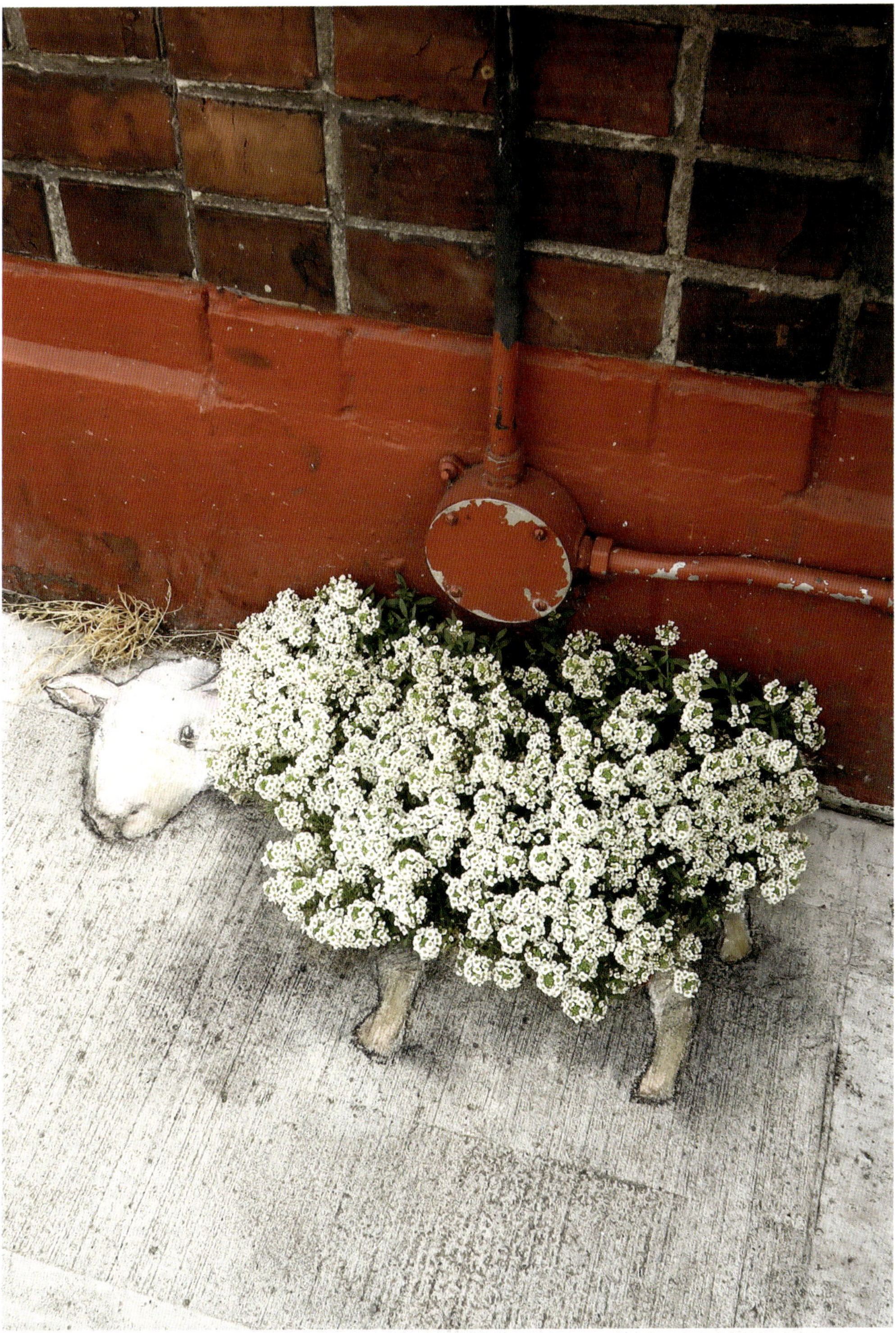

Auf meiner letzten Reise nach Seattle habe ich an dich, mein Schäfchen, gedacht.

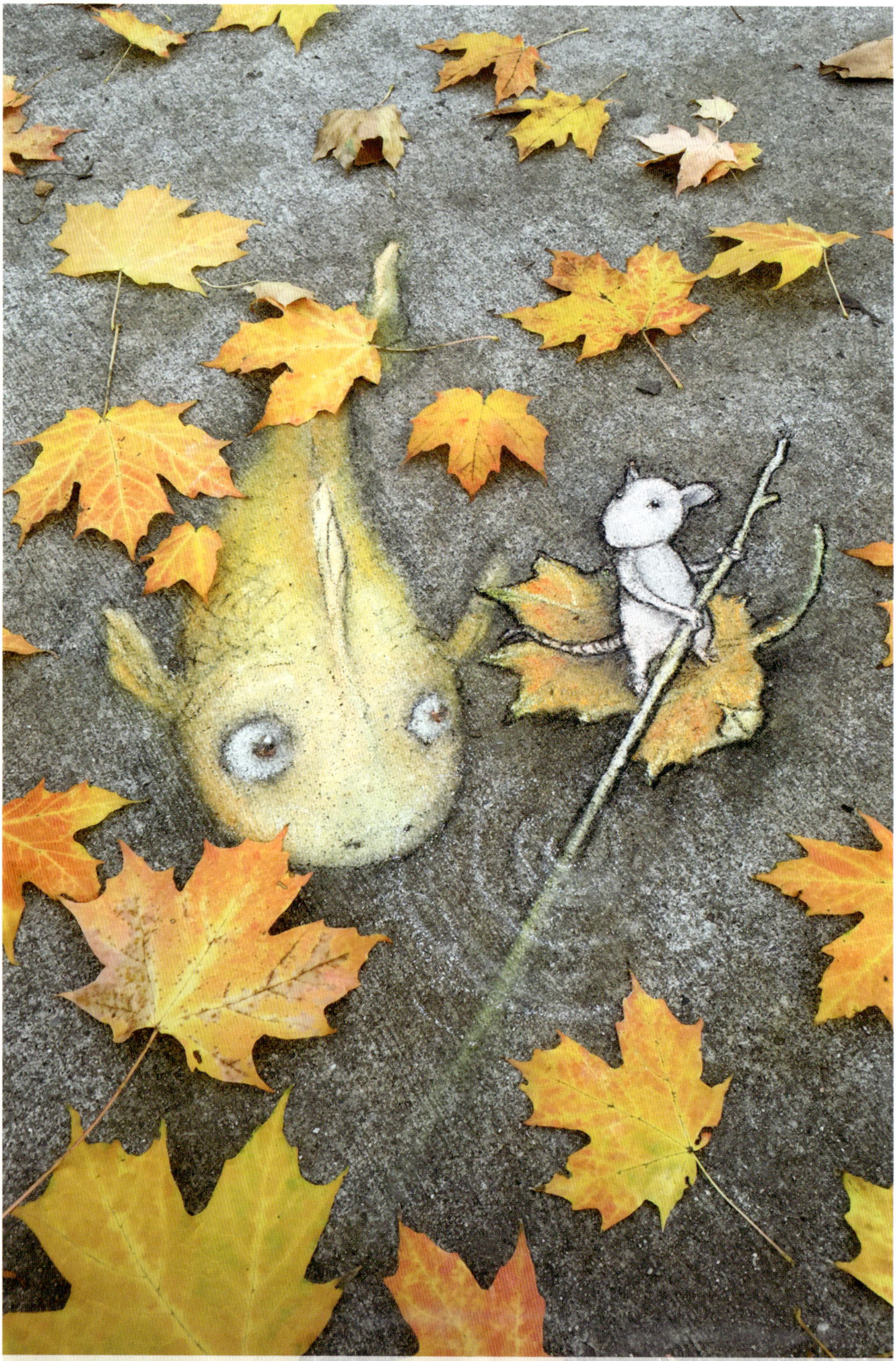

Der Herbst ist eine Jahreszeit von überraschender Tiefe.

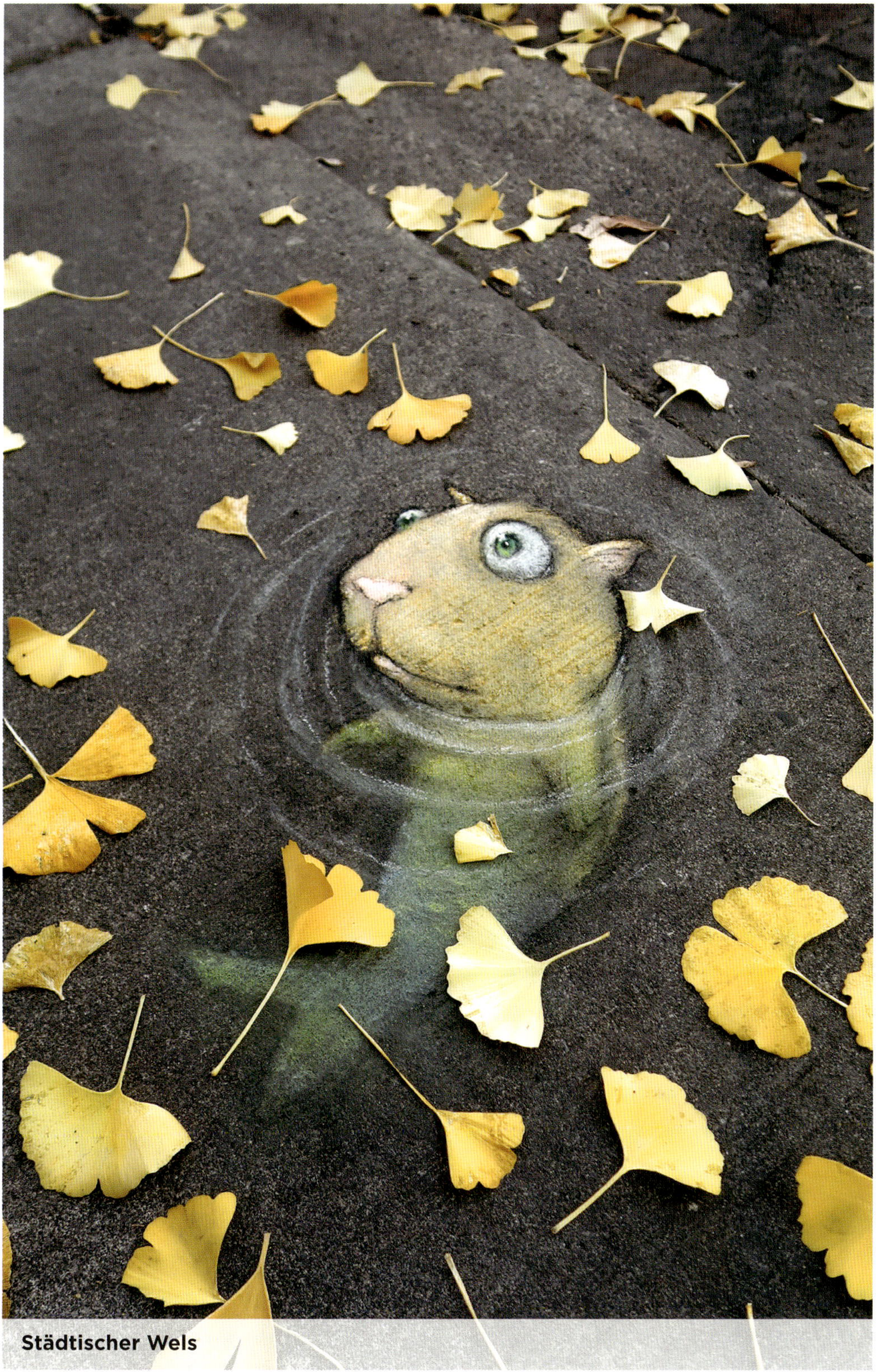

Städtischer Wels

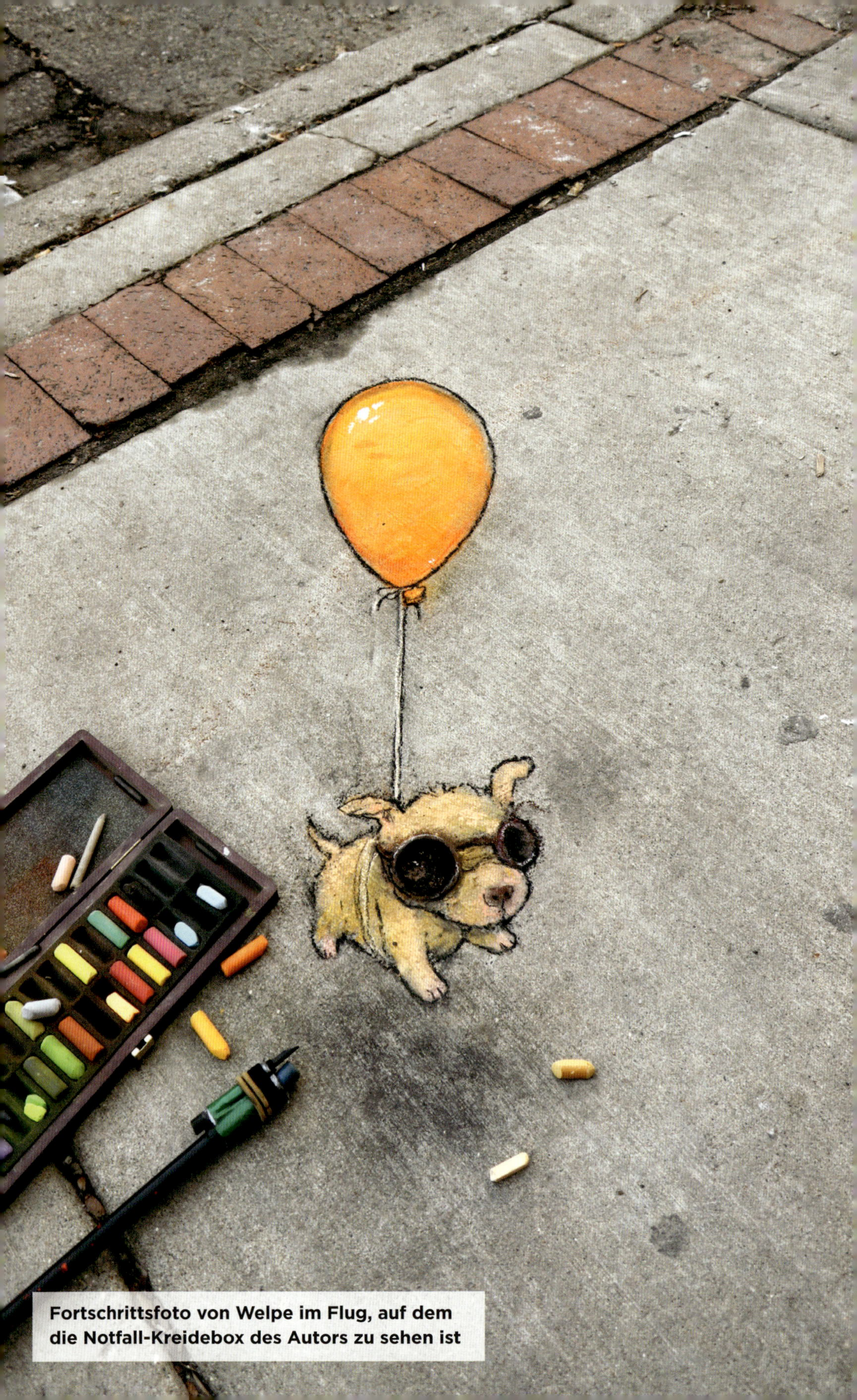

Fortschrittsfoto von Welpe im Flug, auf dem die Notfall-Kreidebox des Autors zu sehen ist

Auf der Suche nach erhebender Kunst

Ich könnte ohne Weiteres für den Rest meines Lebens immer nur auf Straßenpflaster zeichnen, aber es gehört zur ganzen Wahrheit, dass es etwas in der Kreide gibt, das sich nach einer Wand sehnt. Auf vertikalen Flächen zu zeichnen kann schon deshalb schwieriger werden, weil der Staub nicht immer haftenbleibt und auch, weil der Eigentümer der Wand nicht immer da ist, um seinen Segen zu geben. Doch das hindert die Ziegel- und Mauersteine in meiner Nachbarschaft nicht daran, unwiderstehliche Zeichenflächen zu sein.

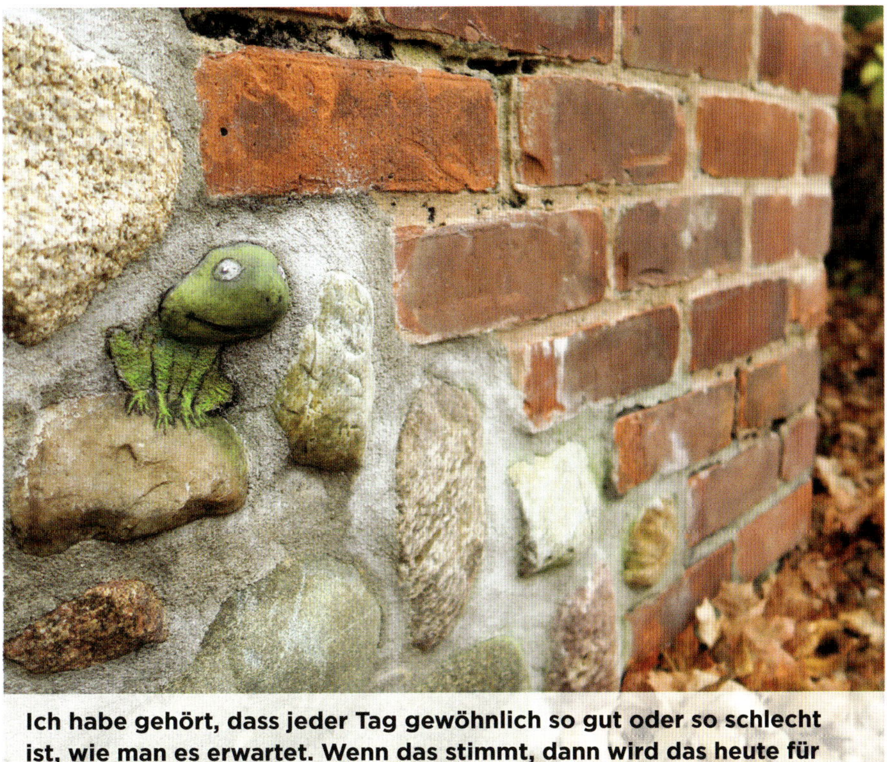

Ich habe gehört, dass jeder Tag gewöhnlich so gut oder so schlecht ist, wie man es erwartet. Wenn das stimmt, dann wird das heute für diesen Frosch ein toller Tag.

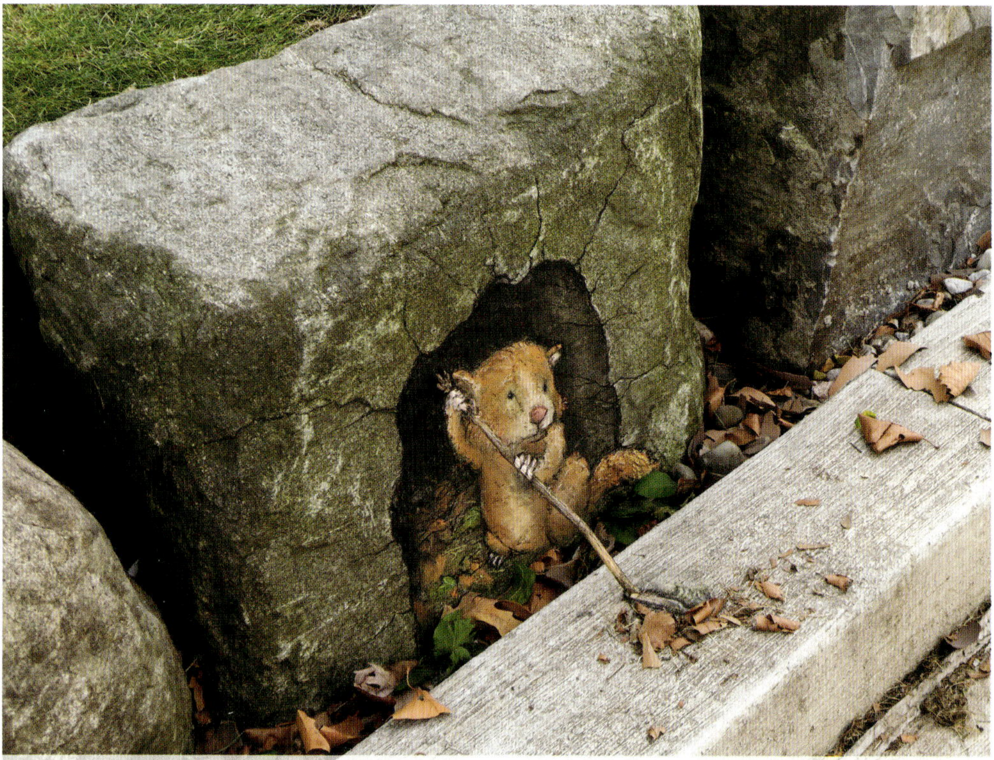

Herbstreinigung

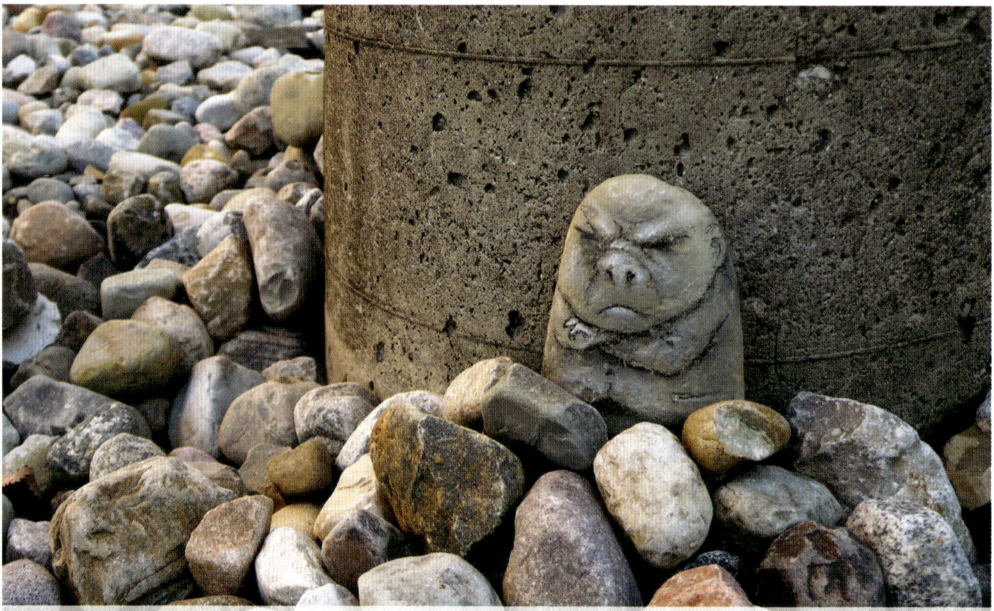

Nach drei Wochen als Manager war Leonard stinksauer, dass diese Steine sich immer noch nicht nach Größe, Farbe und Form ordnen wollten.

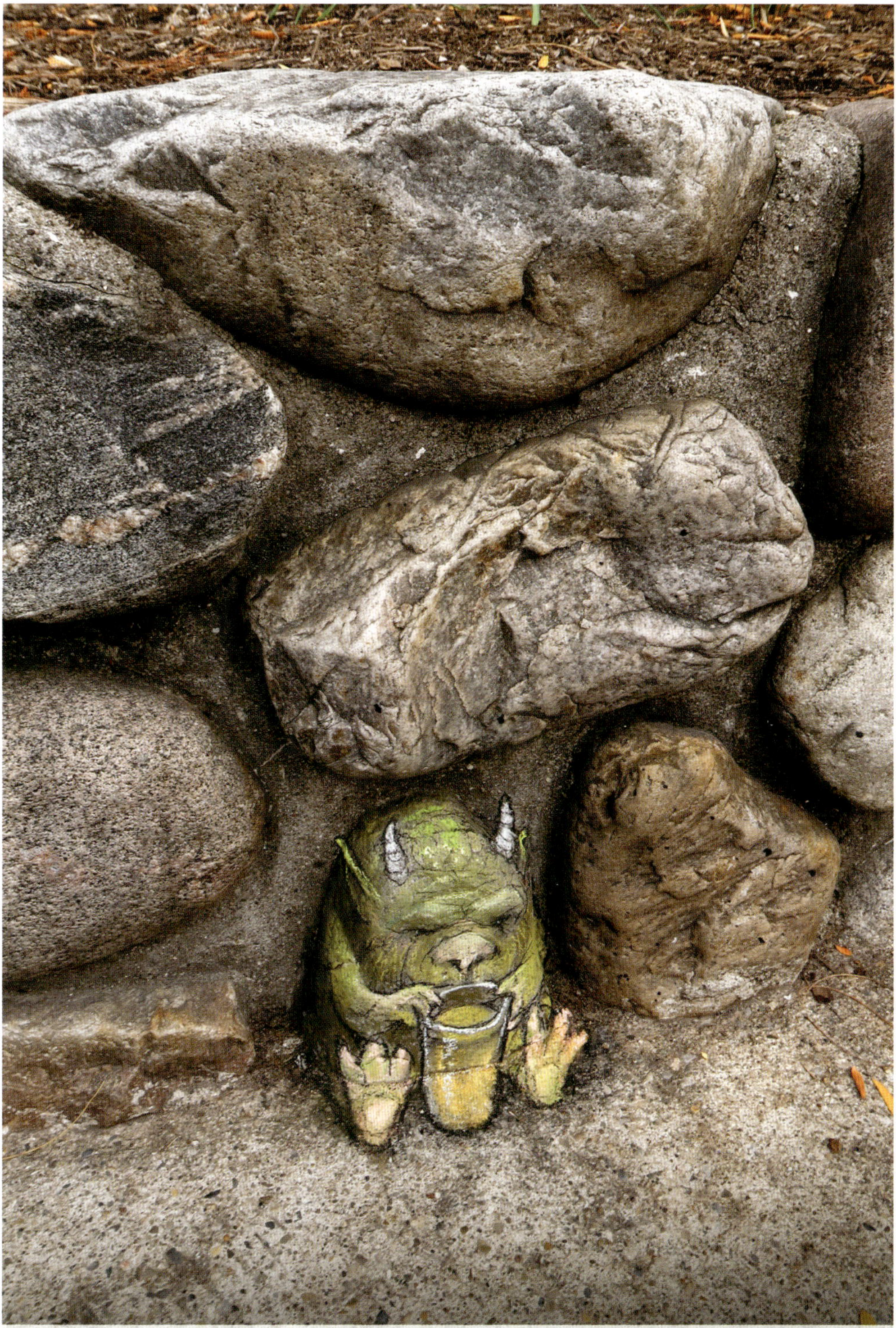

George genießt sein Bier nicht nur; er plant, einen College-Fonds dafür einzurichten.

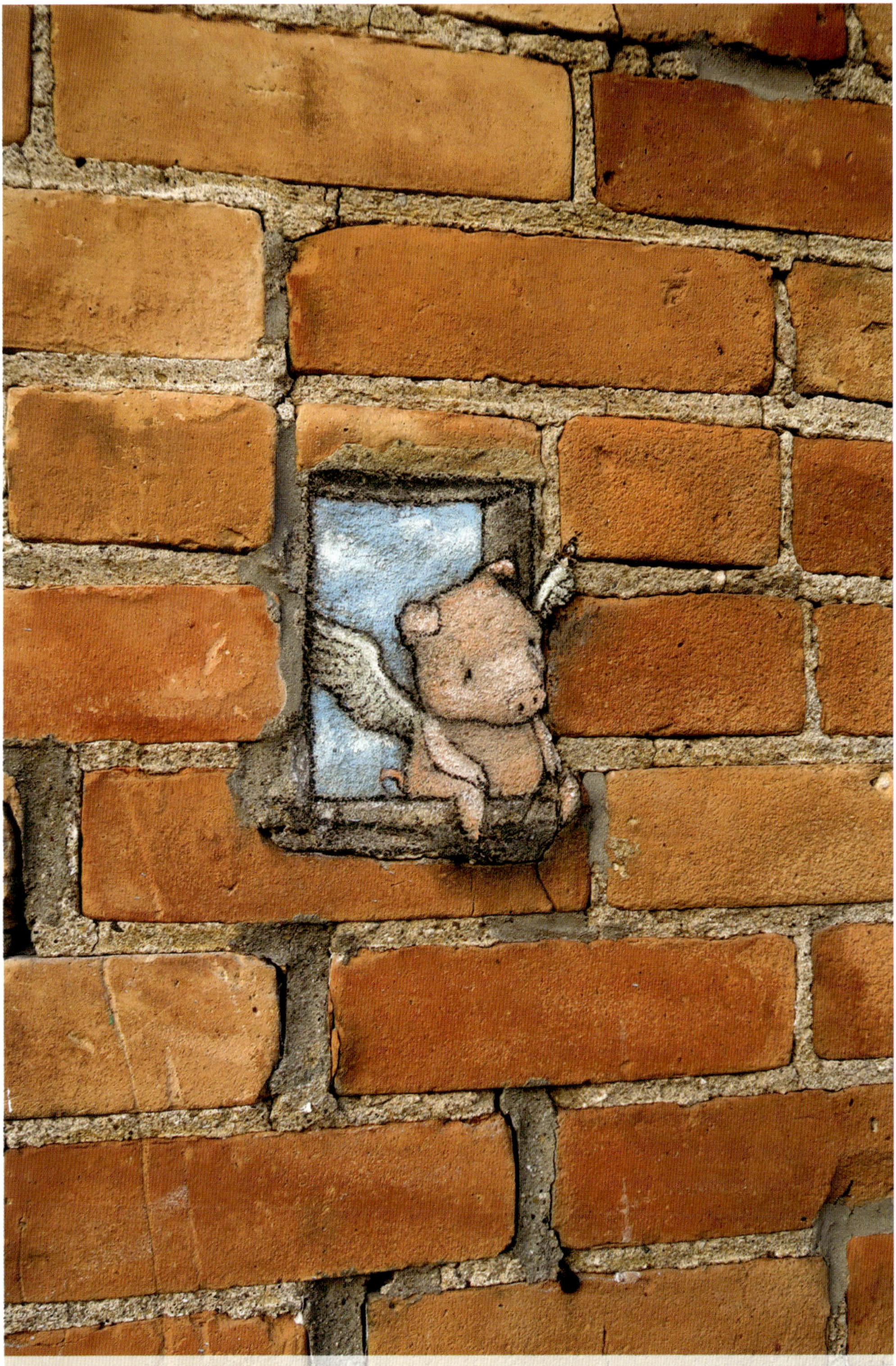

Unwahrscheinlichkeitswache

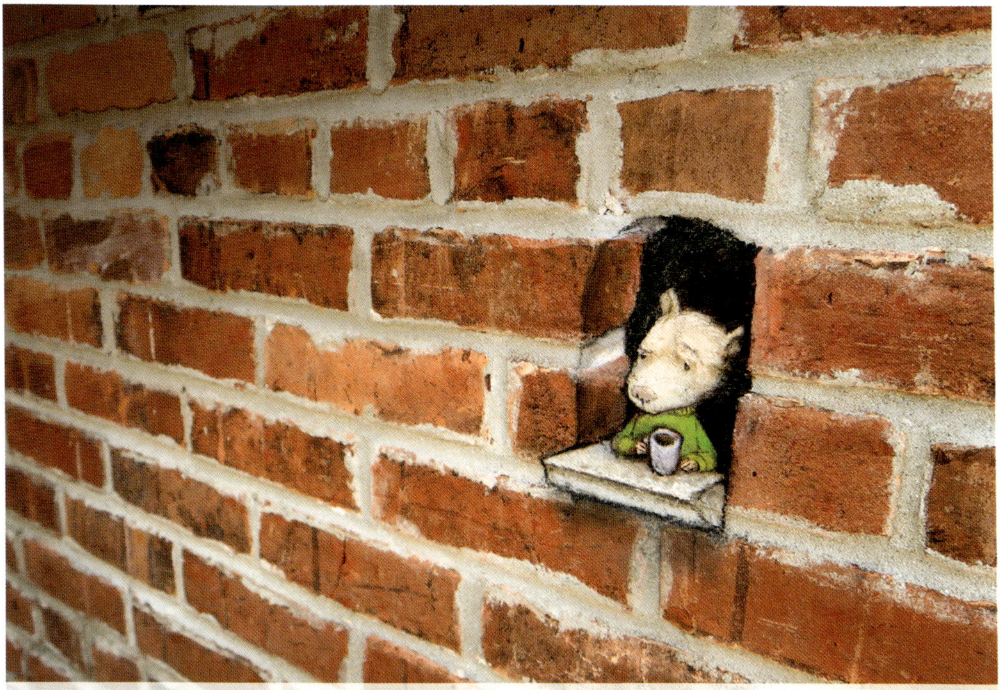

Jetzt, wo er seinen tiefsinnigen grünen Pullover anhat, ist Emile so weit, die gemächlicheren Stunden des Tages zu nutzen.

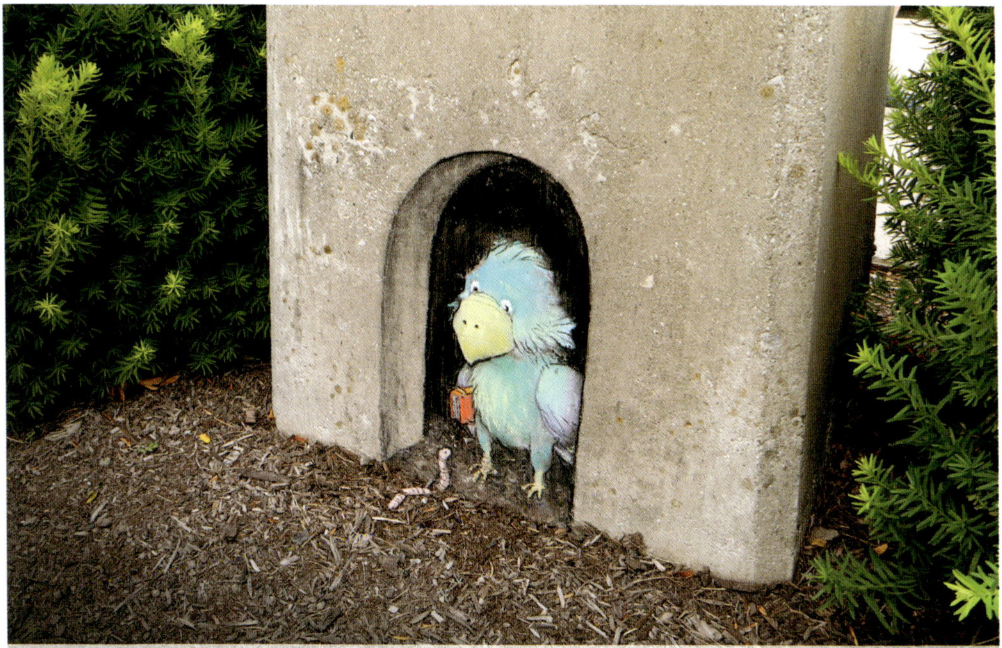

Der frühe Vogel lässt sich vom Bücherwurm erklären, wie die Geschichte ausgeht.

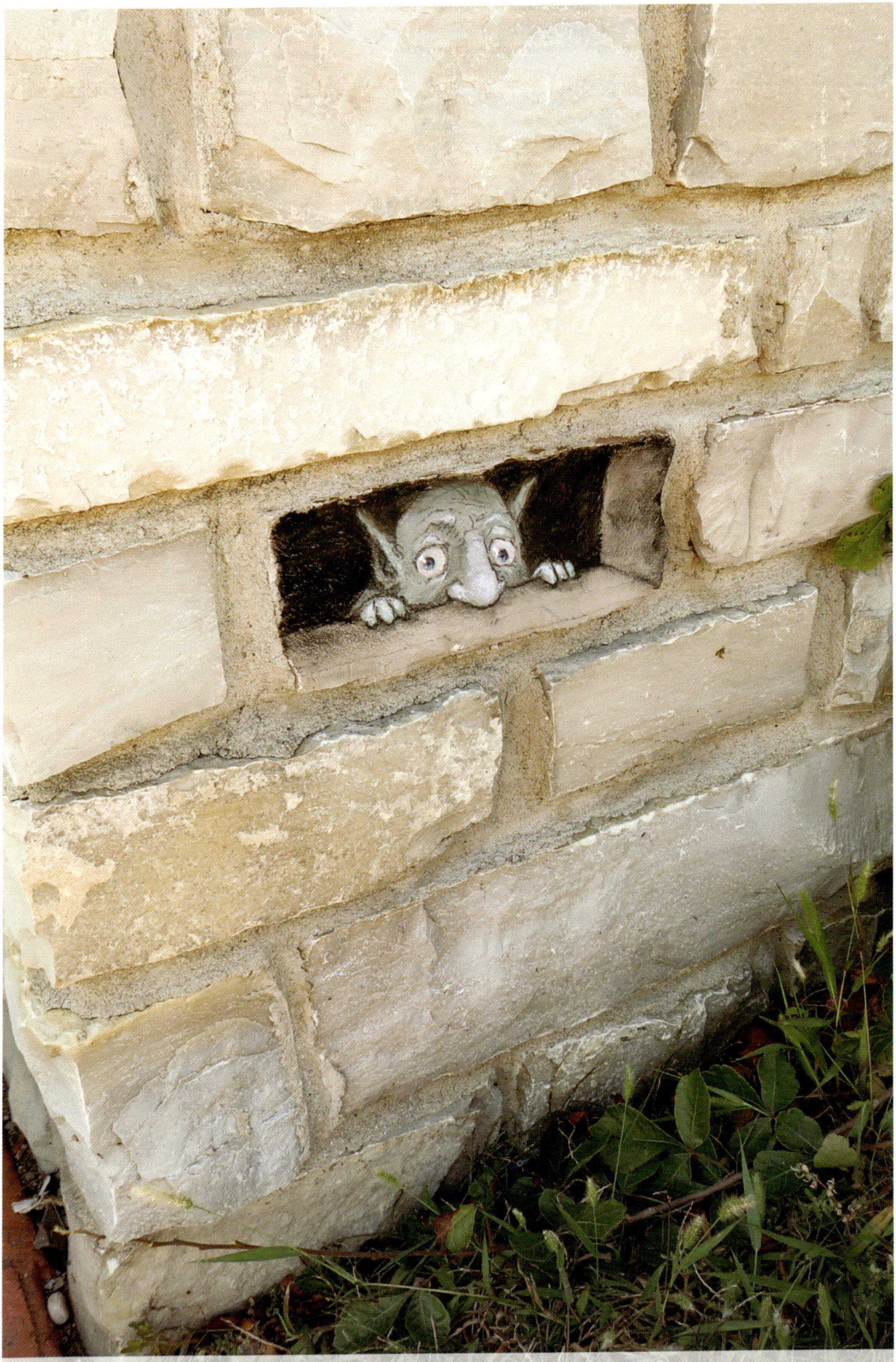

Stephan ist noch nie einem diem begegnet, den er carpen wollte.

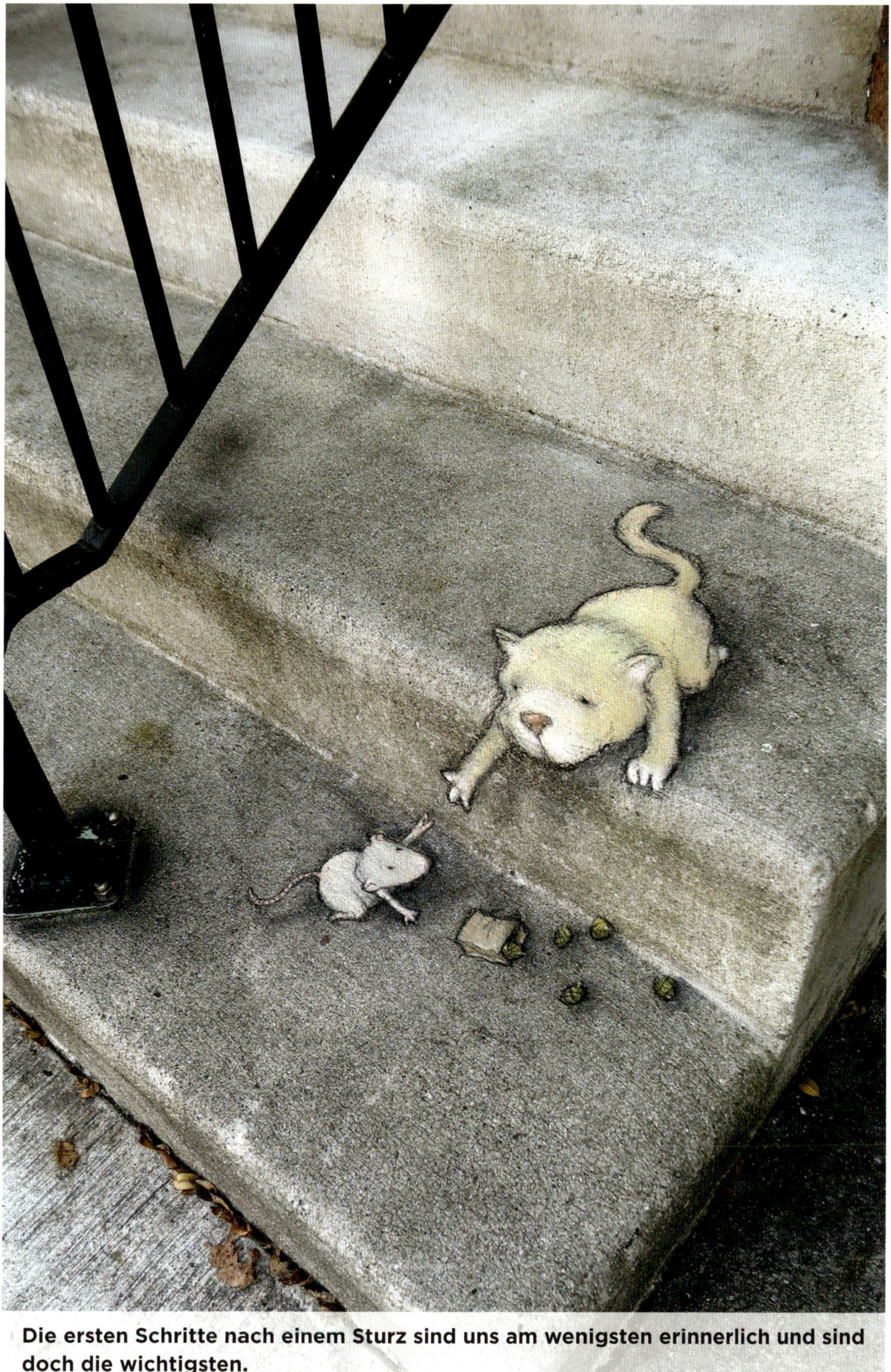

Die ersten Schritte nach einem Sturz sind uns am wenigsten erinnerlich und sind doch die wichtigsten.

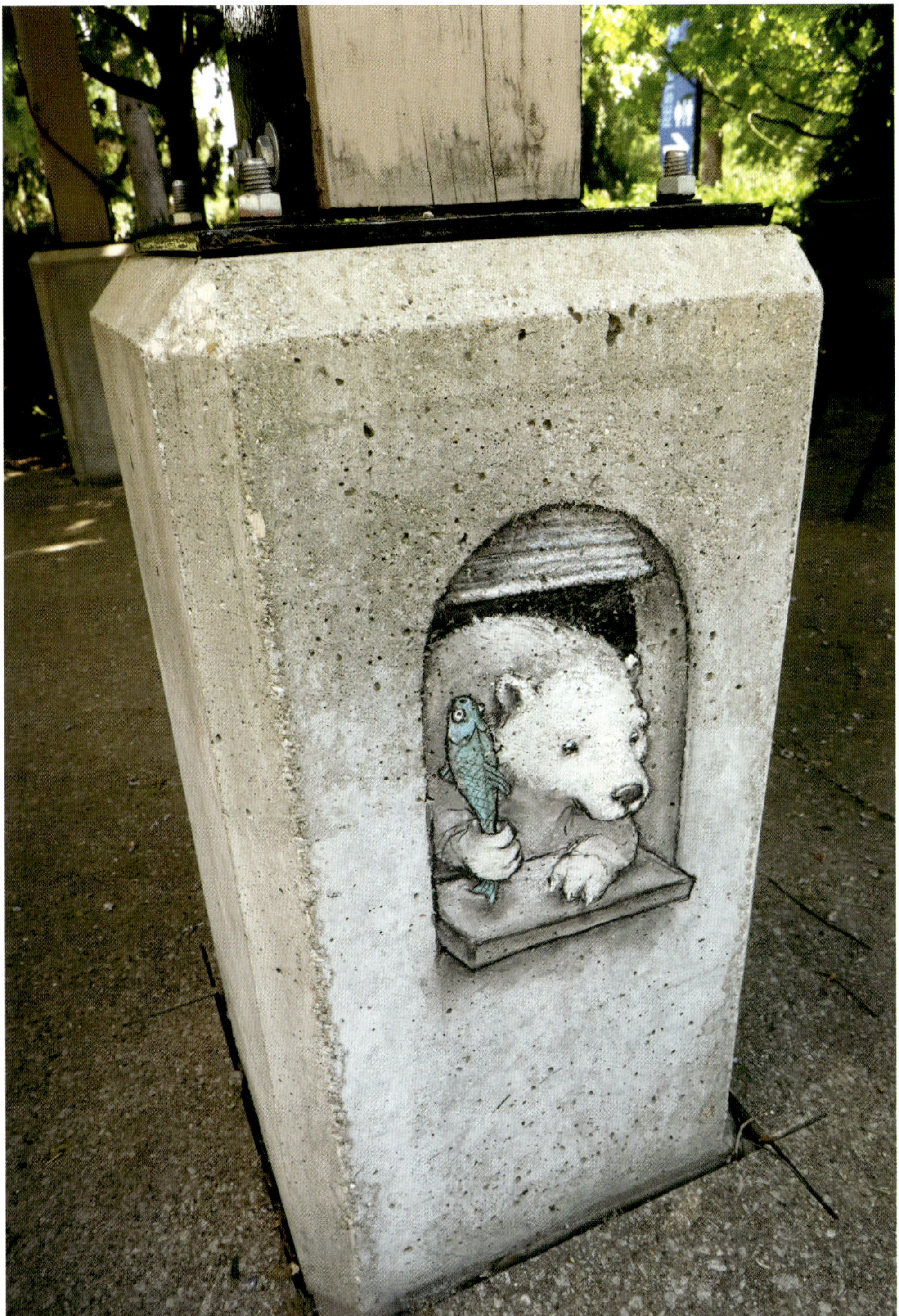

Brian war enttäuscht, als ihm klar wurde, dass er die kommerzielle Schlagkraft von Fischzapfen überschätzt hatte.

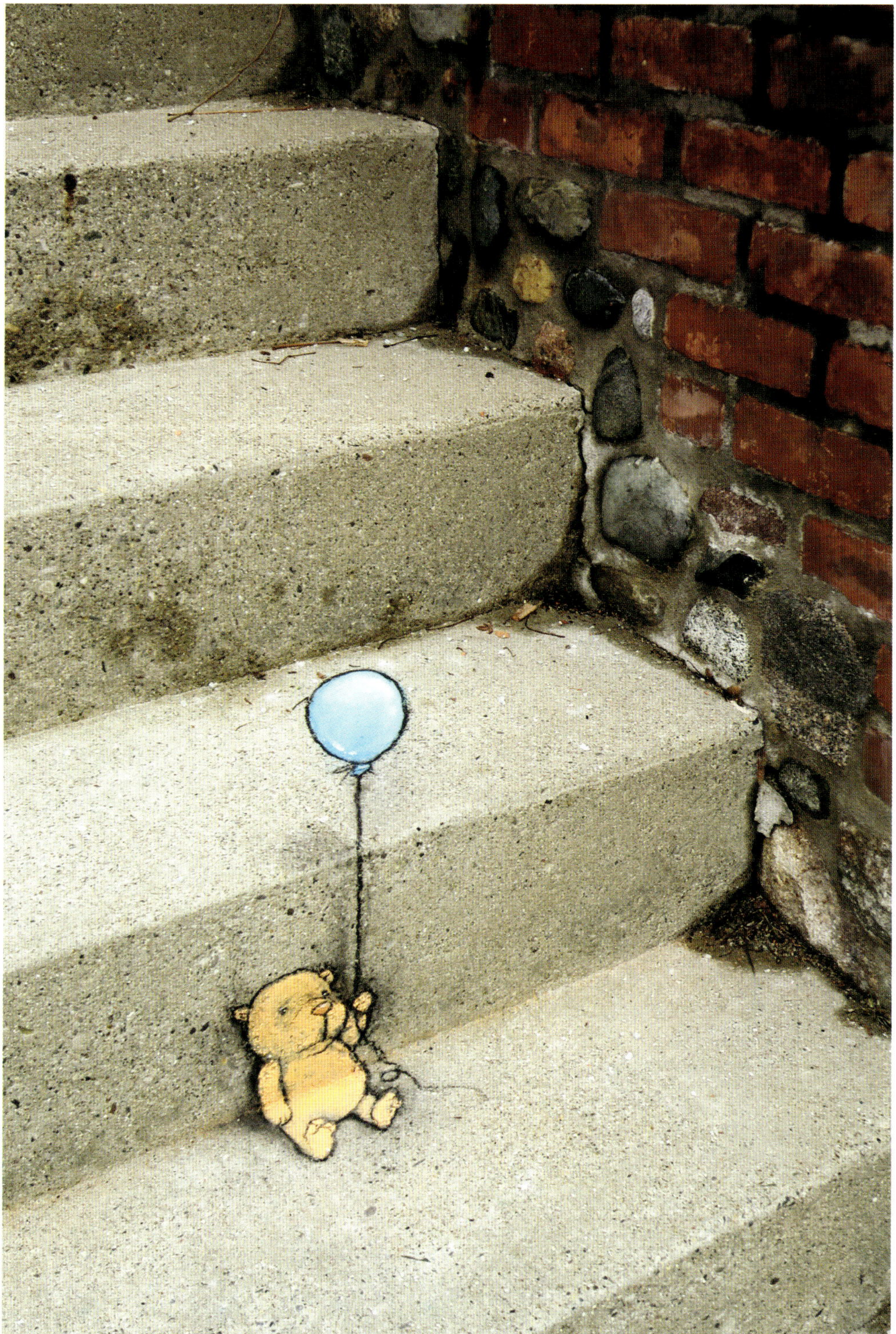

Walter folgte den Anweisungen und wartete darauf, das „Huiii!"zu hören.

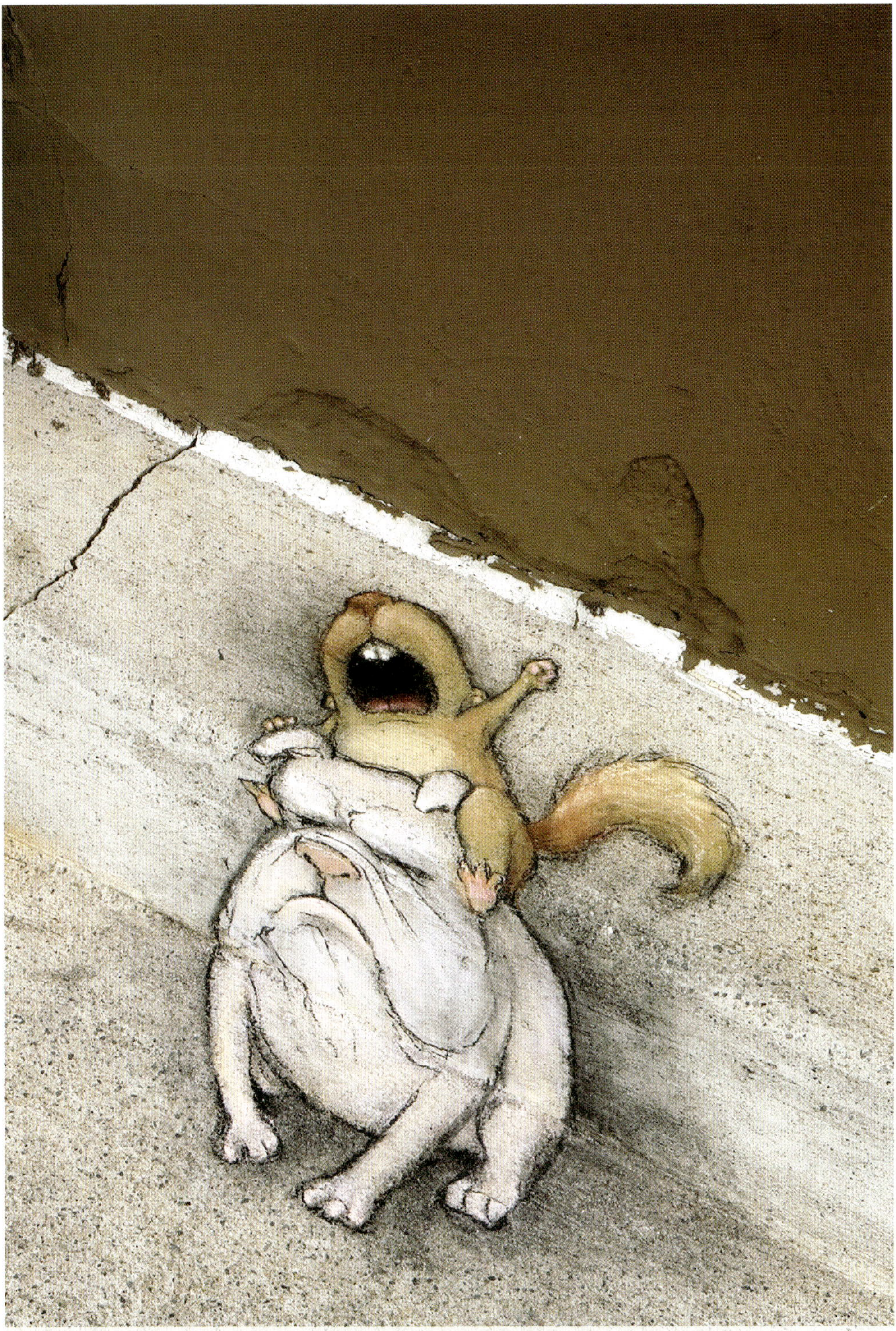

Als Vincent einen Lebensberater engagierte, wusste er nicht, dass die Durchführung so handfest werden würde.

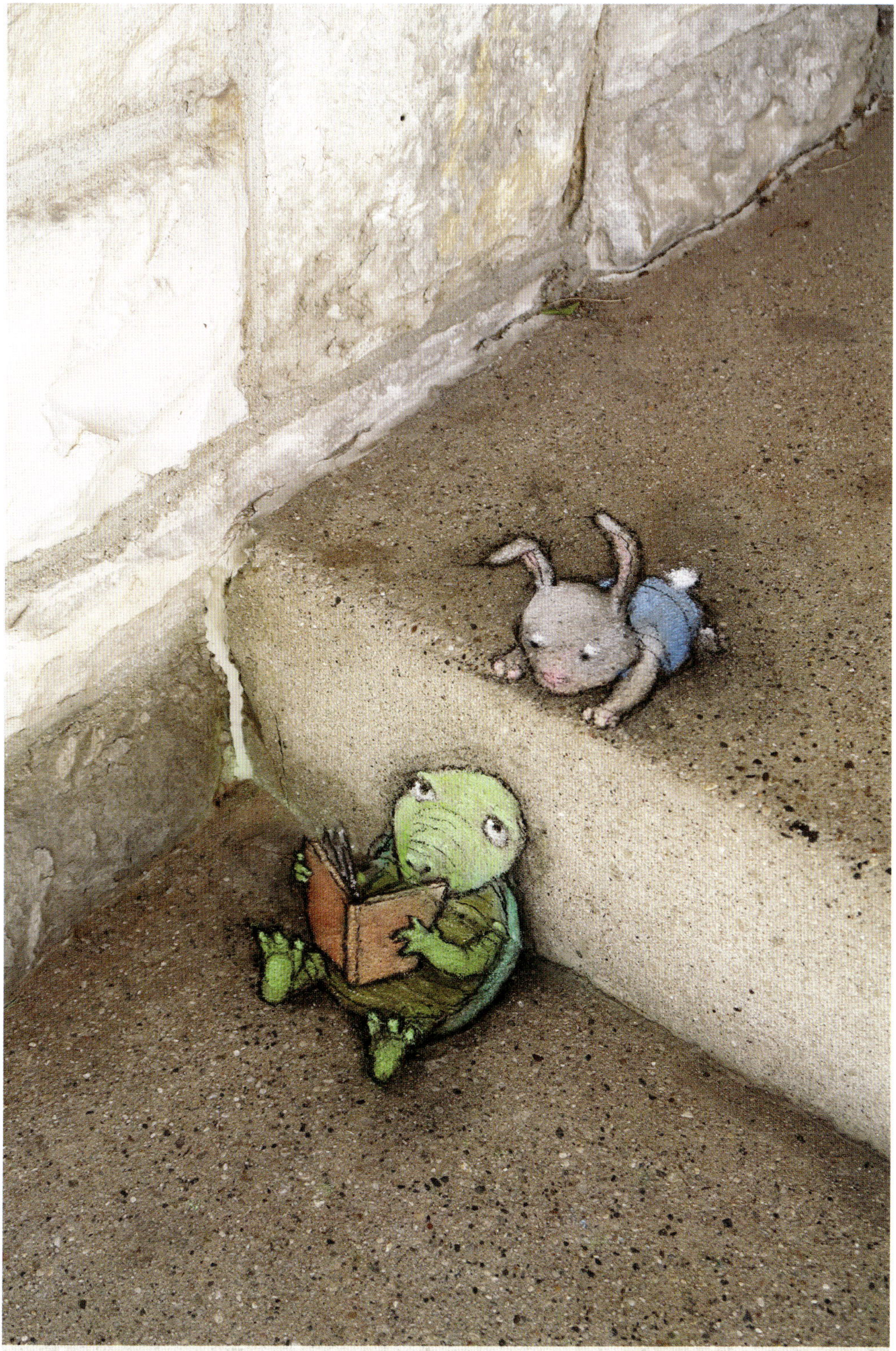

Schnell mal reingucken

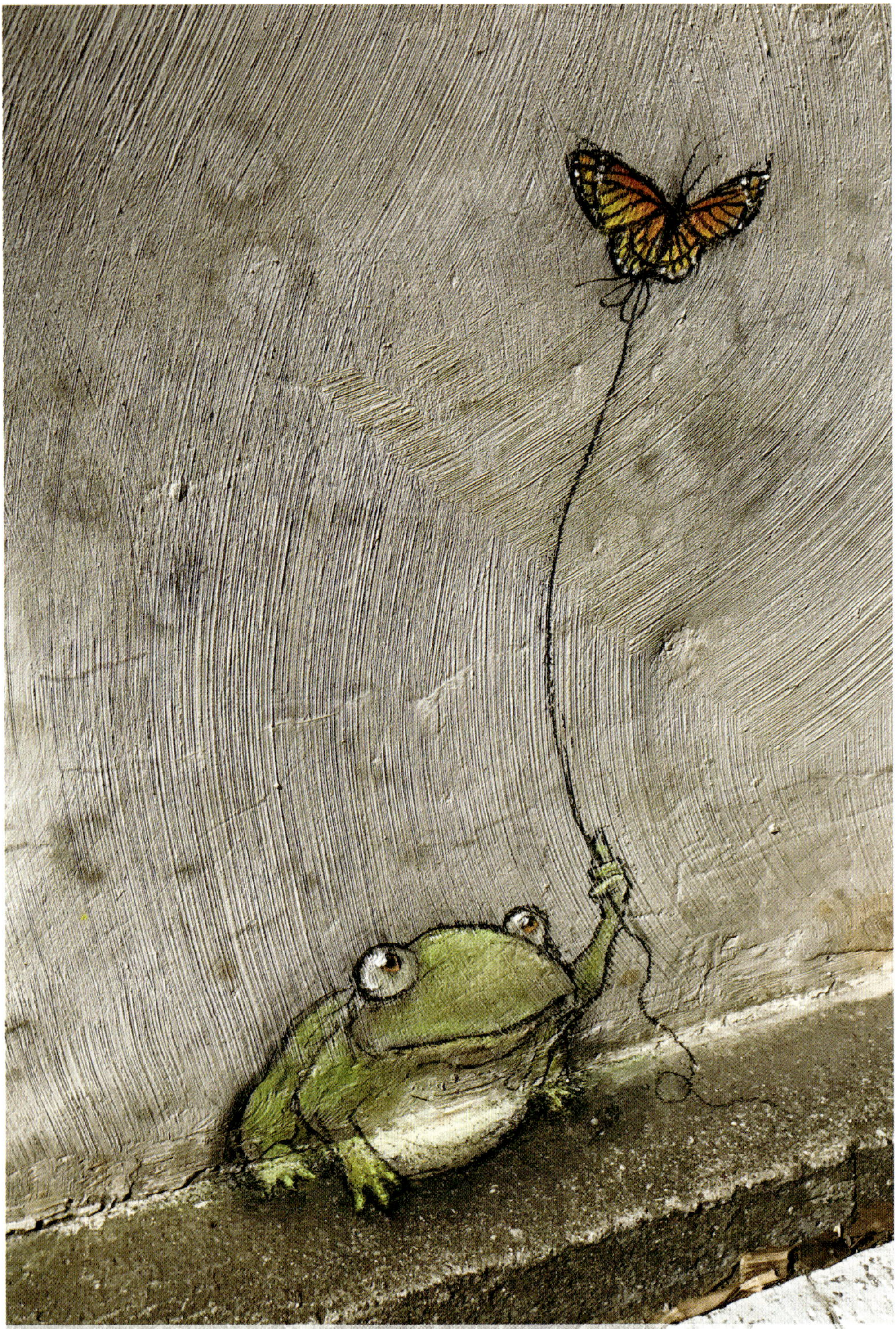

Wann immer Betty nach draußen geht, bringt sie gern einen Freund mit zurück. Oder einen Imbiss. Das hängt davon ab, wie groß ihr Hunger ist.

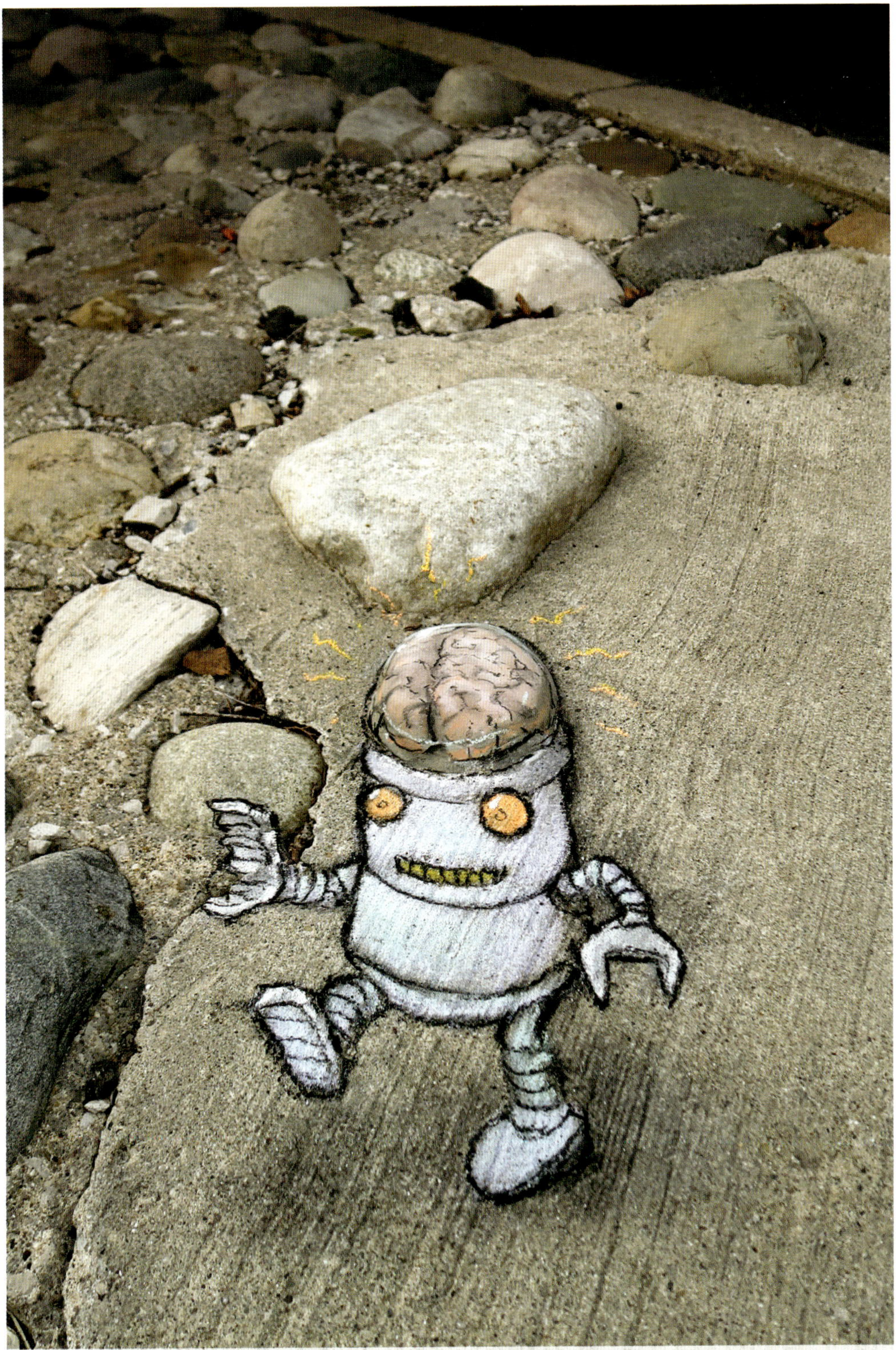

Rocky trägt sein Herz auf der Zunge und sein Gehirn in einem Schaukasten.

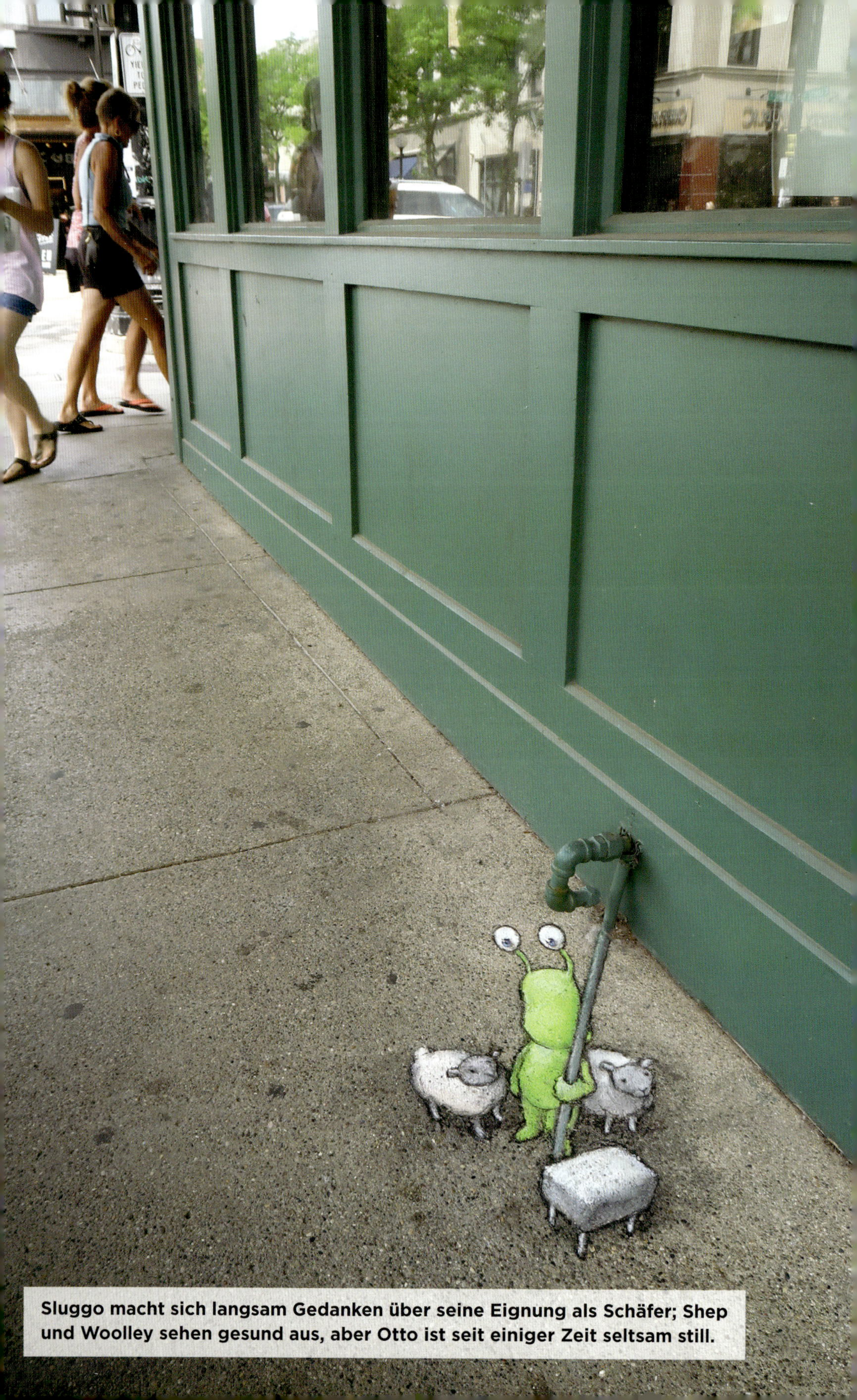

Sluggo macht sich langsam Gedanken über seine Eignung als Schäfer; Shep und Woolley sehen gesund aus, aber Otto ist seit einiger Zeit seltsam still.

Wie ich einen P(f)osten weniger einsam mache

STREETART-SPASS MIT POLLERN, ROHREN UND LEITKEGELN

Sowie du auf dem Pflaster Ausschau nach leeren und sauberen Flächen zum Bemalen hältst, sind die Straßen plötzlich voller Alltagsgegenstände, die nach einer interessanteren Rolle schreien. Ich bin inzwischen sehr vorsichtig damit geworden, jemandem zu versprechen, etwas auf einem bestimmten Stückchen Beton zu zeichnen, denn es besteht immer die Gefahr, dass ich auf einen Hydranten mit Hutmacherambitionen stoße und den Job, den ich eigentlich machen wollte, nicht zu Ende bringe. Und wie die nächsten paar Seiten zeigen werden: Wenn man eine Straßenzeichnung dreidimensional erscheinen lassen will, ist es die cleverste Methode, etwas einzubeziehen, das schon da ist.

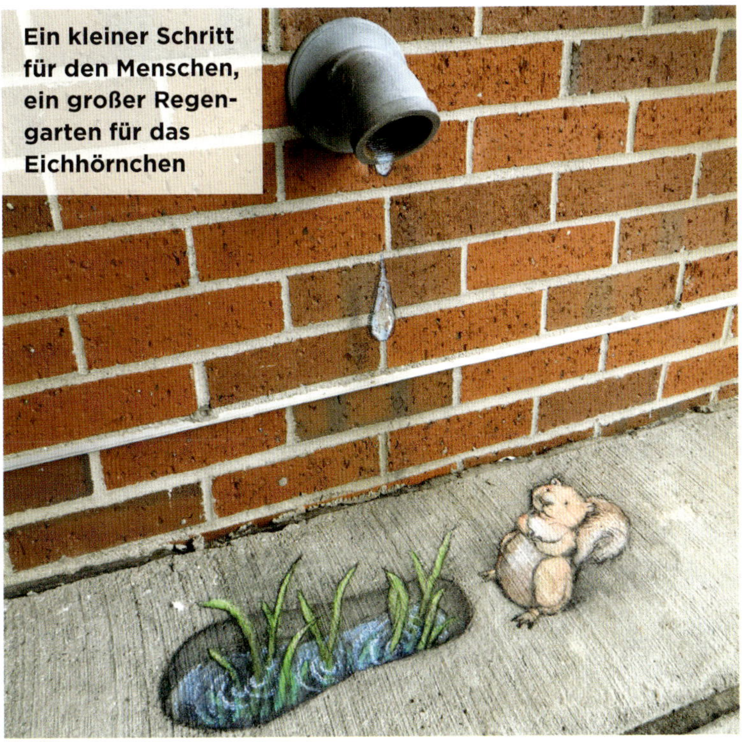

Ein kleiner Schritt für den Menschen, ein großer Regengarten für das Eichhörnchen

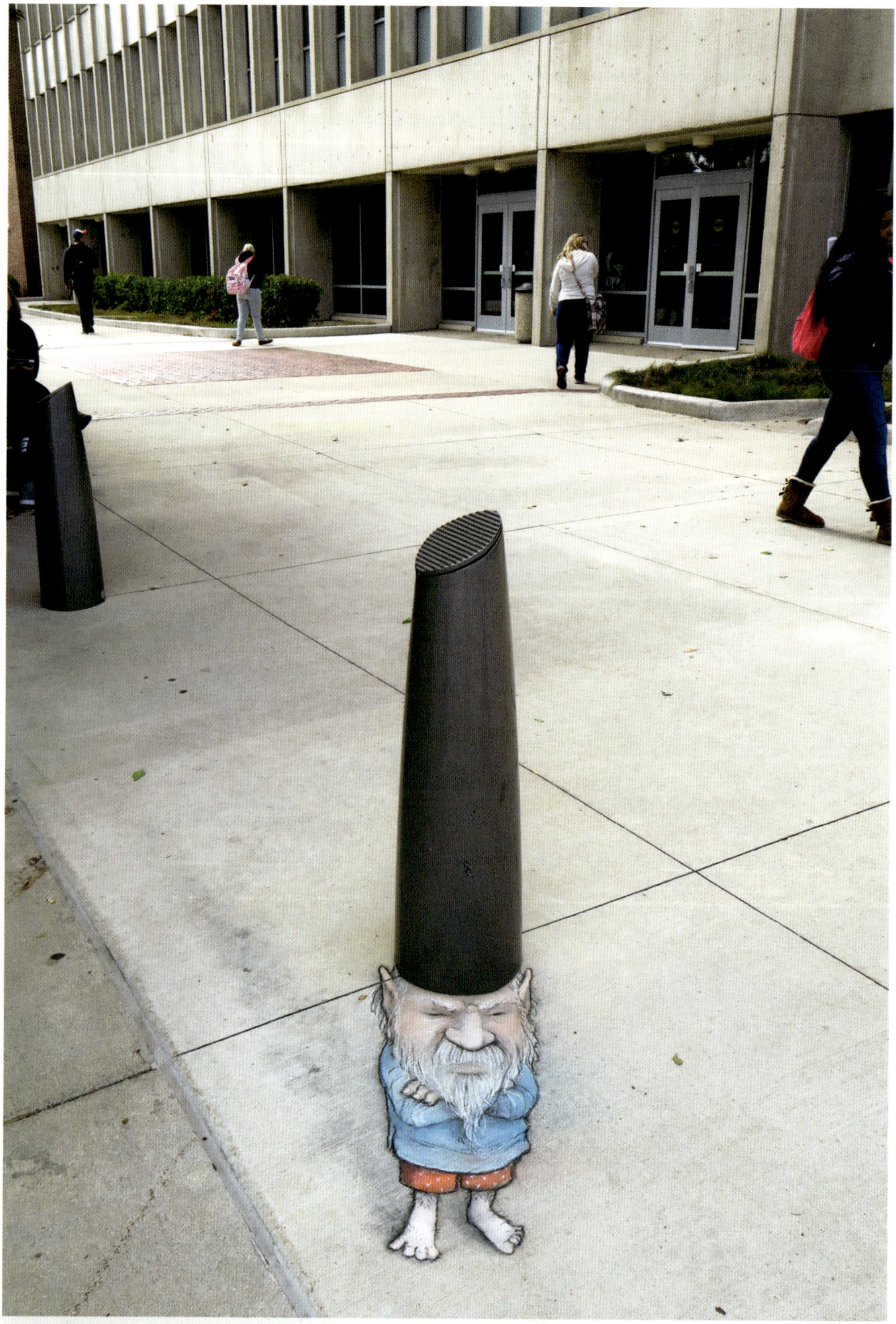

Obwohl der Rat der Zwerge eine Beschwerde eingelegt hat, ist Jerry immer noch der Meinung, „dass zu großartiger Kopfbedeckung eine Hose freier Wahl gehört".

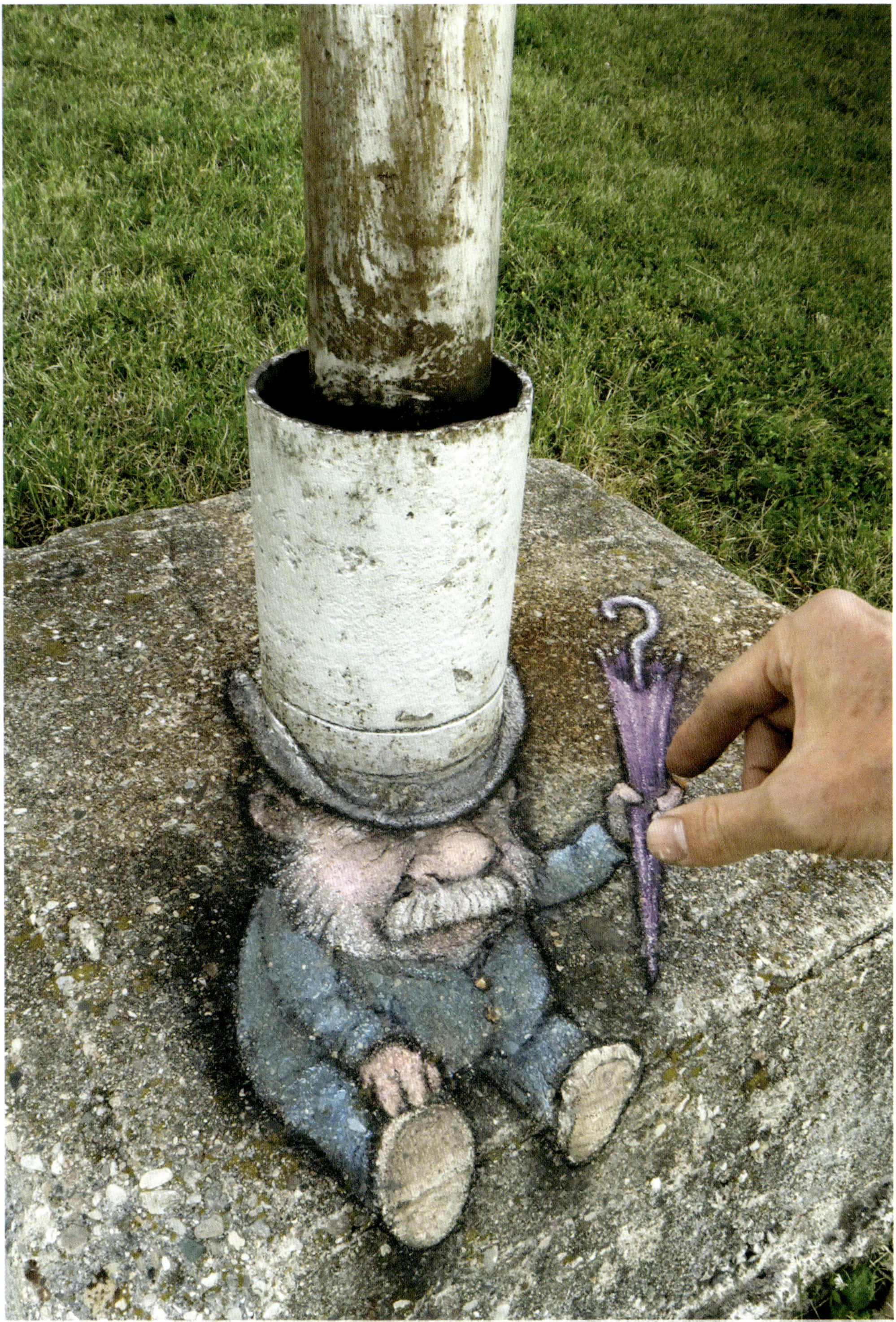

Sir Beaufort Smythe-Pettijohn wird dir an einem Regentag seinen Schirm geben, aber verlange nicht, dass er seinen Hut abnimmt.

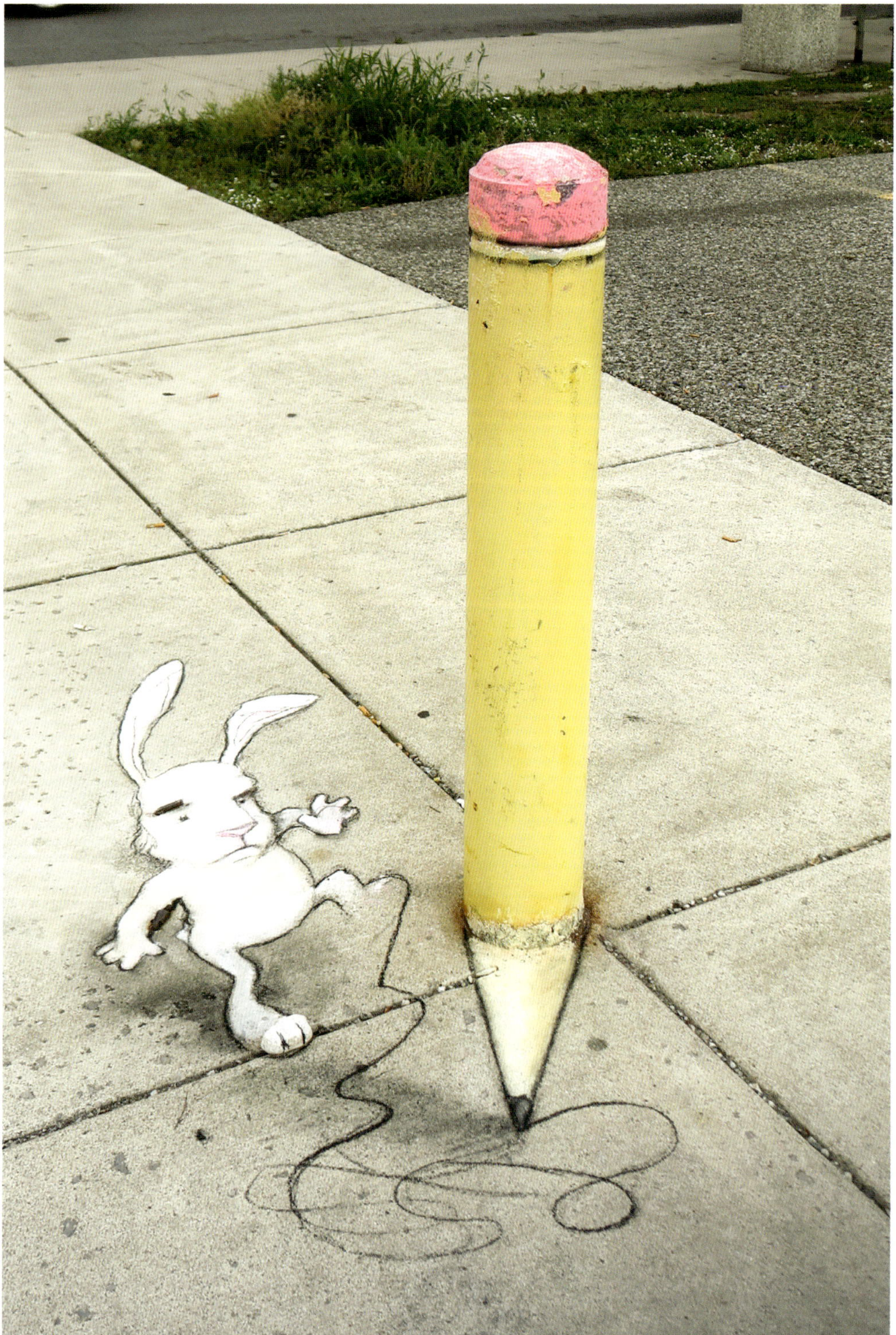

An der Strippe in die Patsche

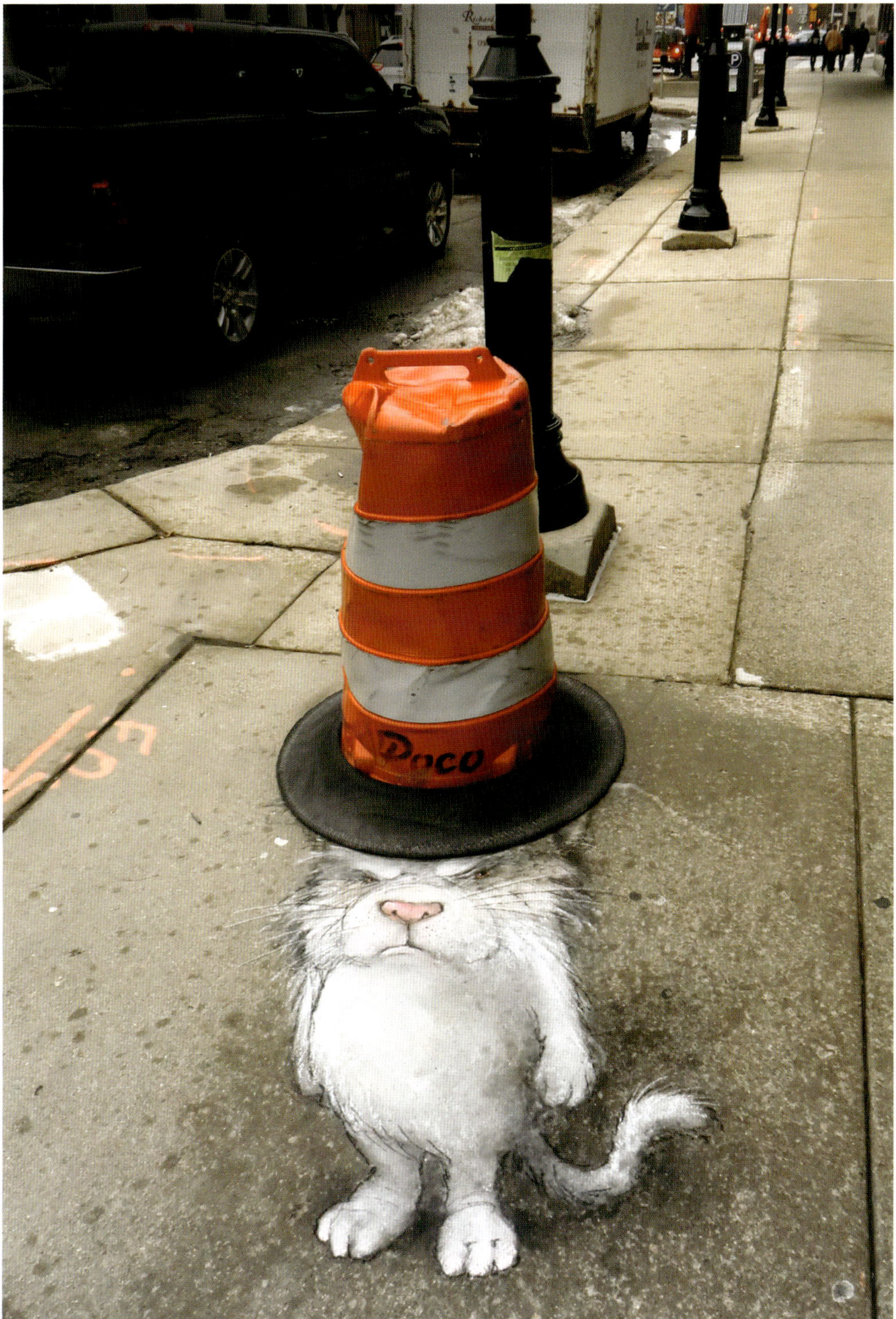

Was immer du sagst und was immer du tust, frage ihn nicht nach Erstens oder Zweitens.

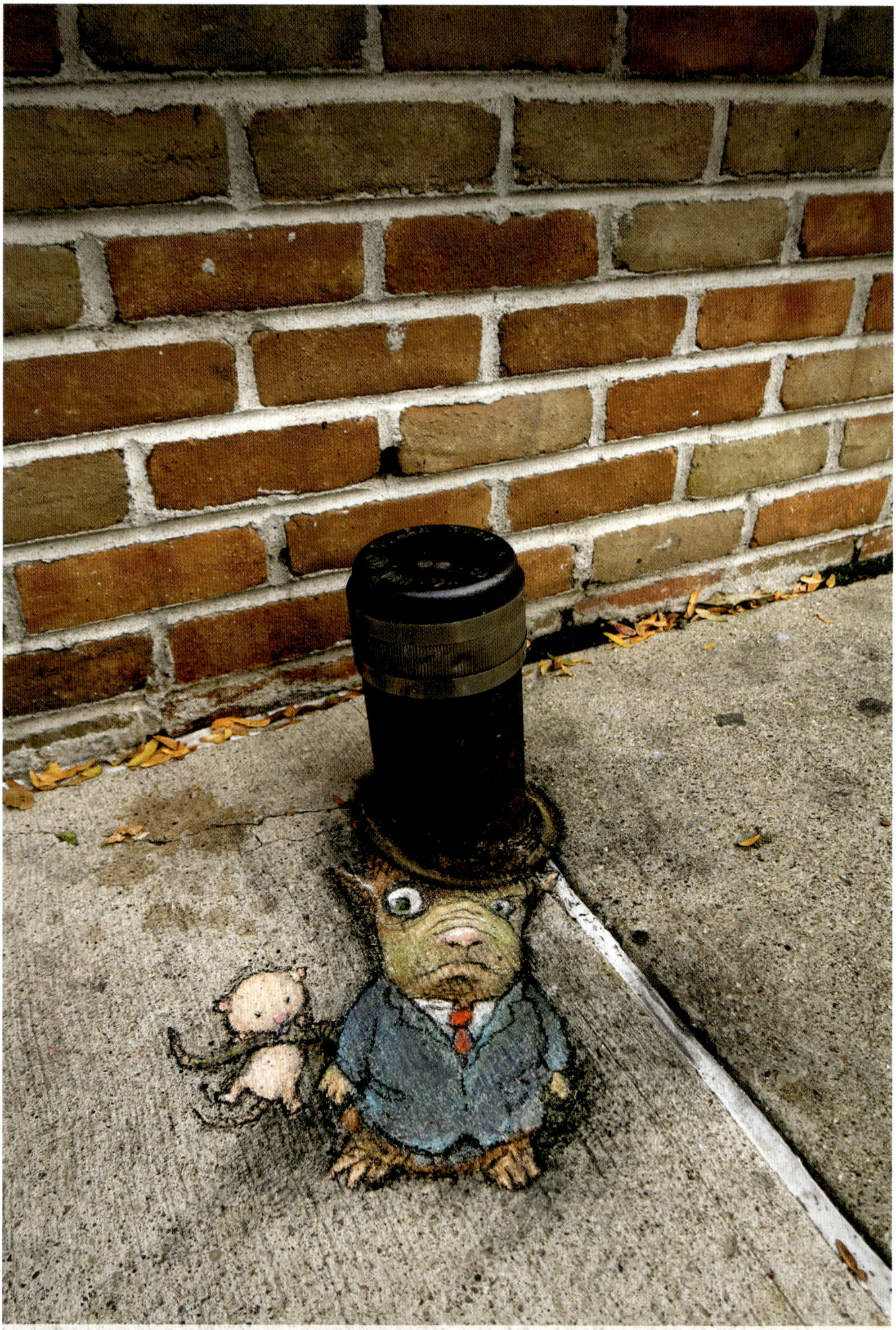

Cecil „Bighat“ McGrew hat ernsthafte Bedenken, „und Sohn“ auf sein Gauner-firmenschild zu setzen.

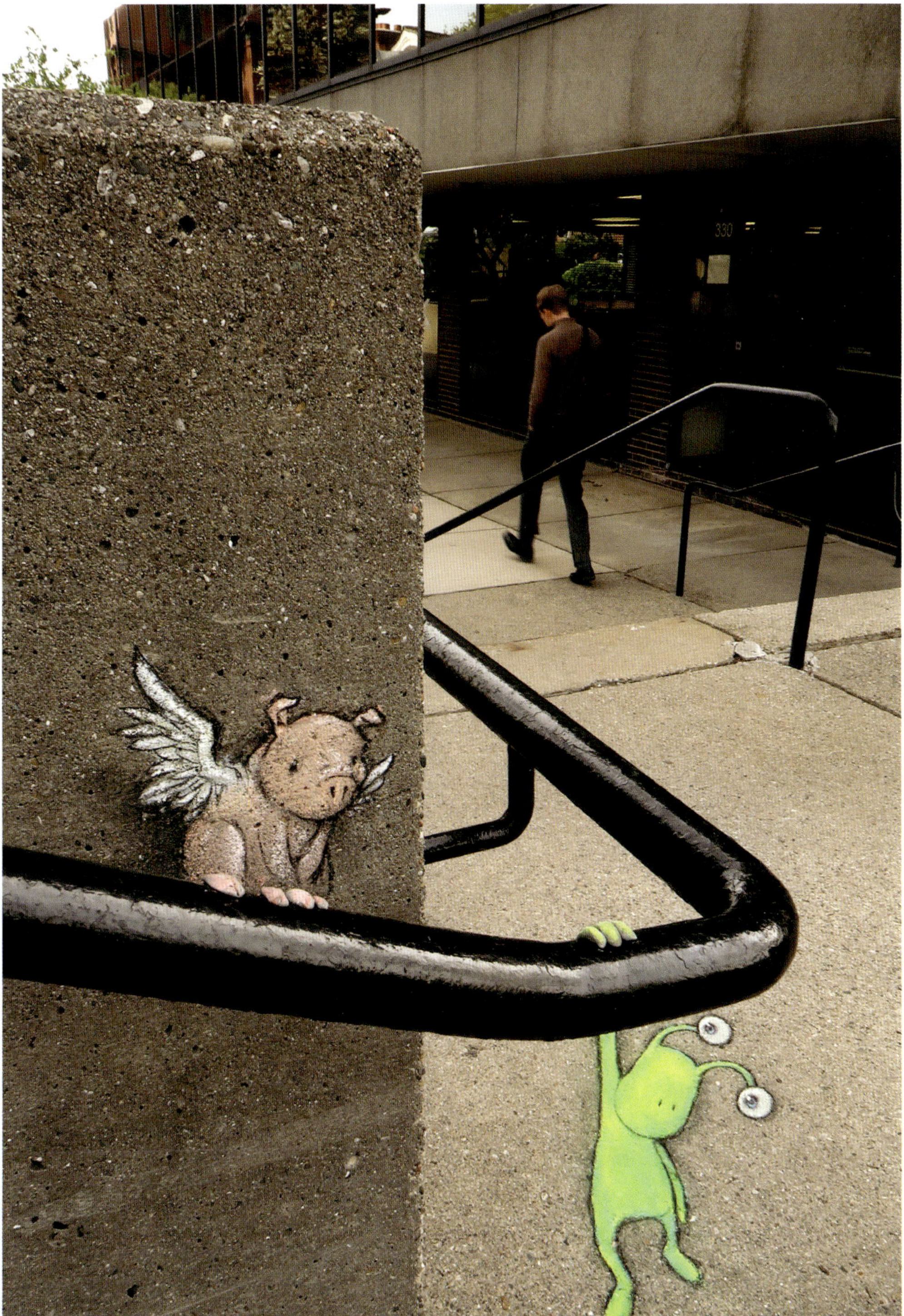

Ich bin auf Sluggo gestoßen, der nur herumhing und darauf wartete, dass das Unmögliche geschehen würde.

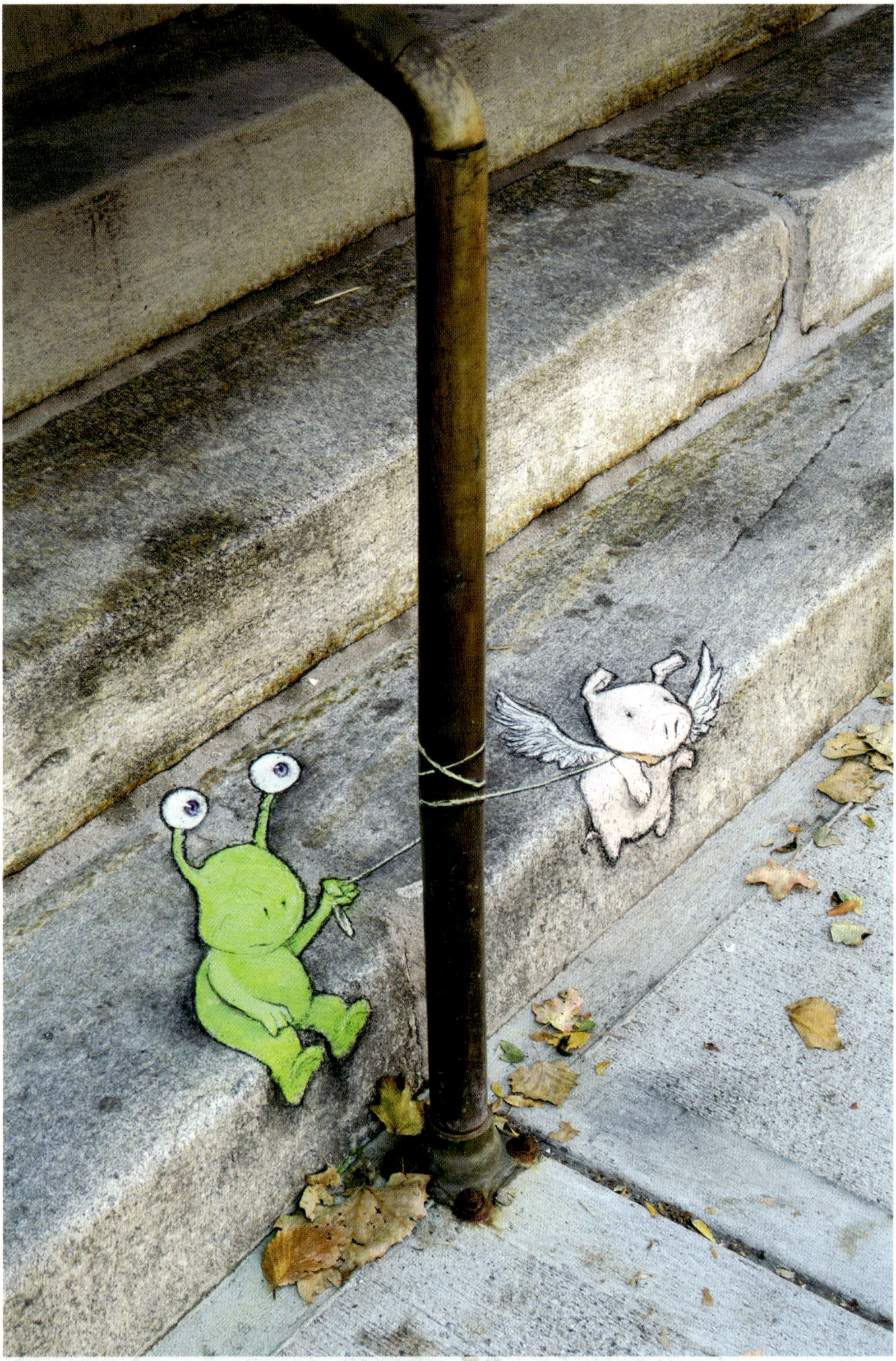

Sluggo und die Verstrickungen domestizierter Unmöglichkeit

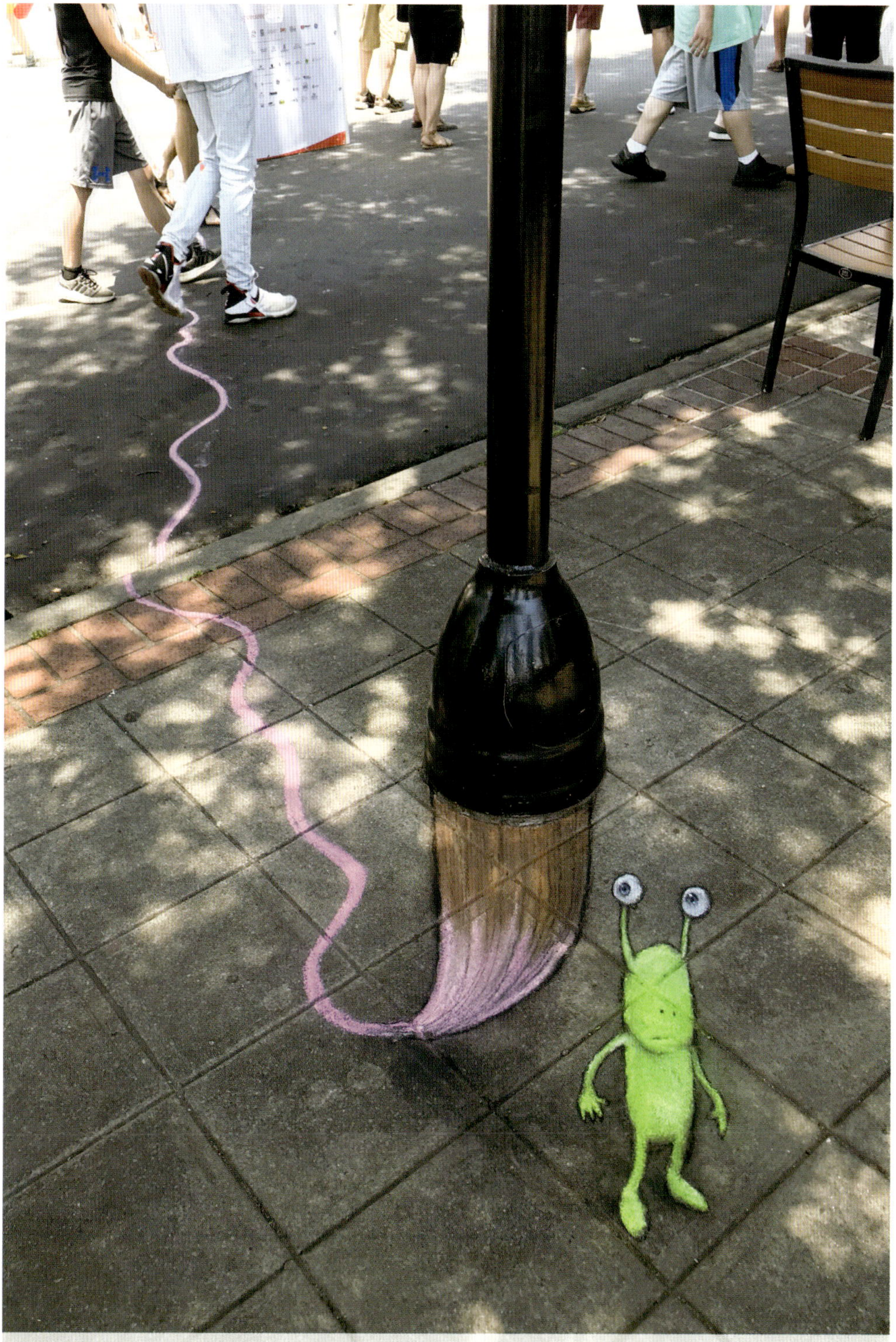

Sluggo sagt: „Der Malpinsel malt, und wenn er gemalt hat, geht er weiter. Also aufgepasst!"

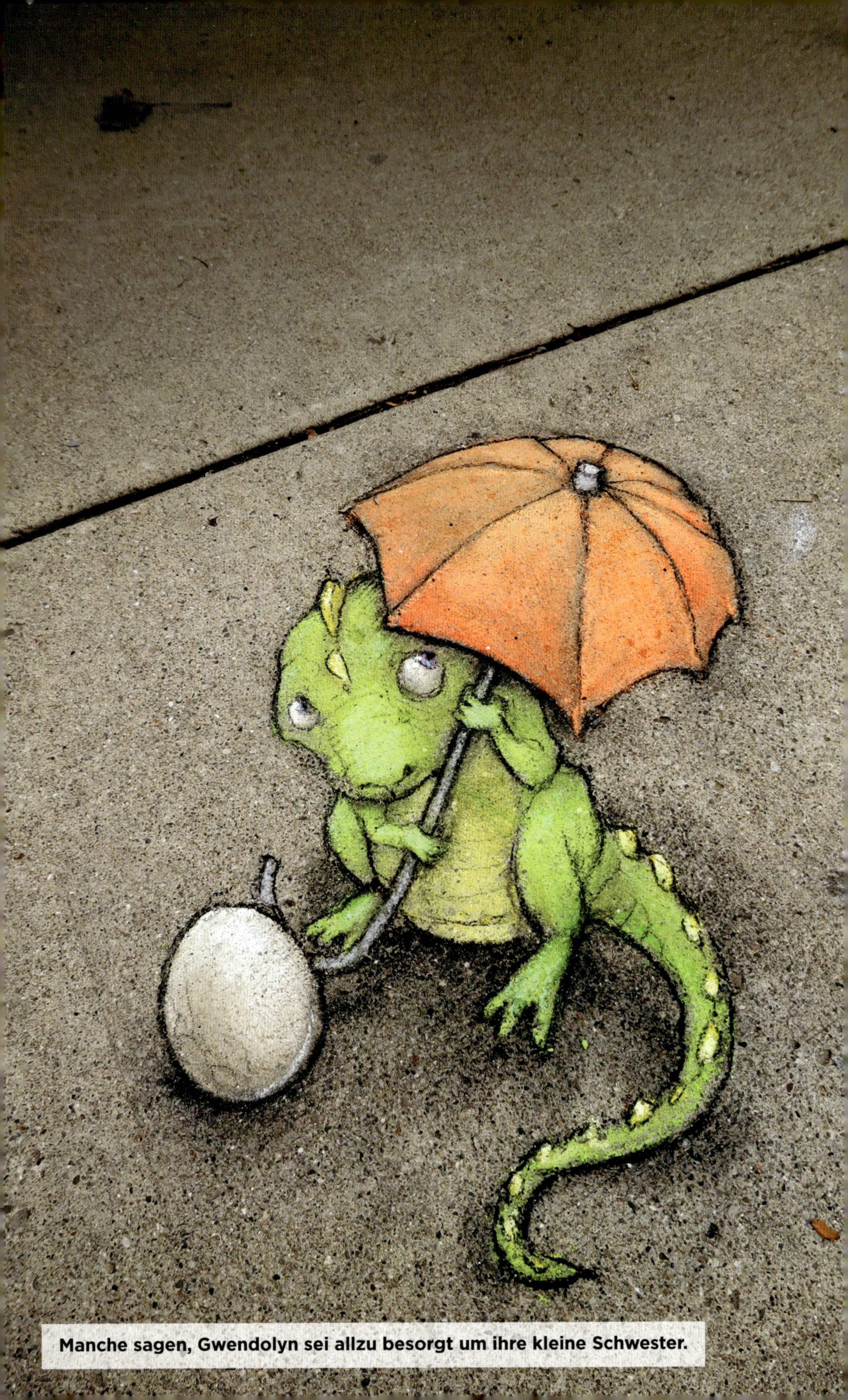

Manche sagen, Gwendolyn sei allzu besorgt um ihre kleine Schwester.

Stille Momente

(UND EINIGE PANNEN)

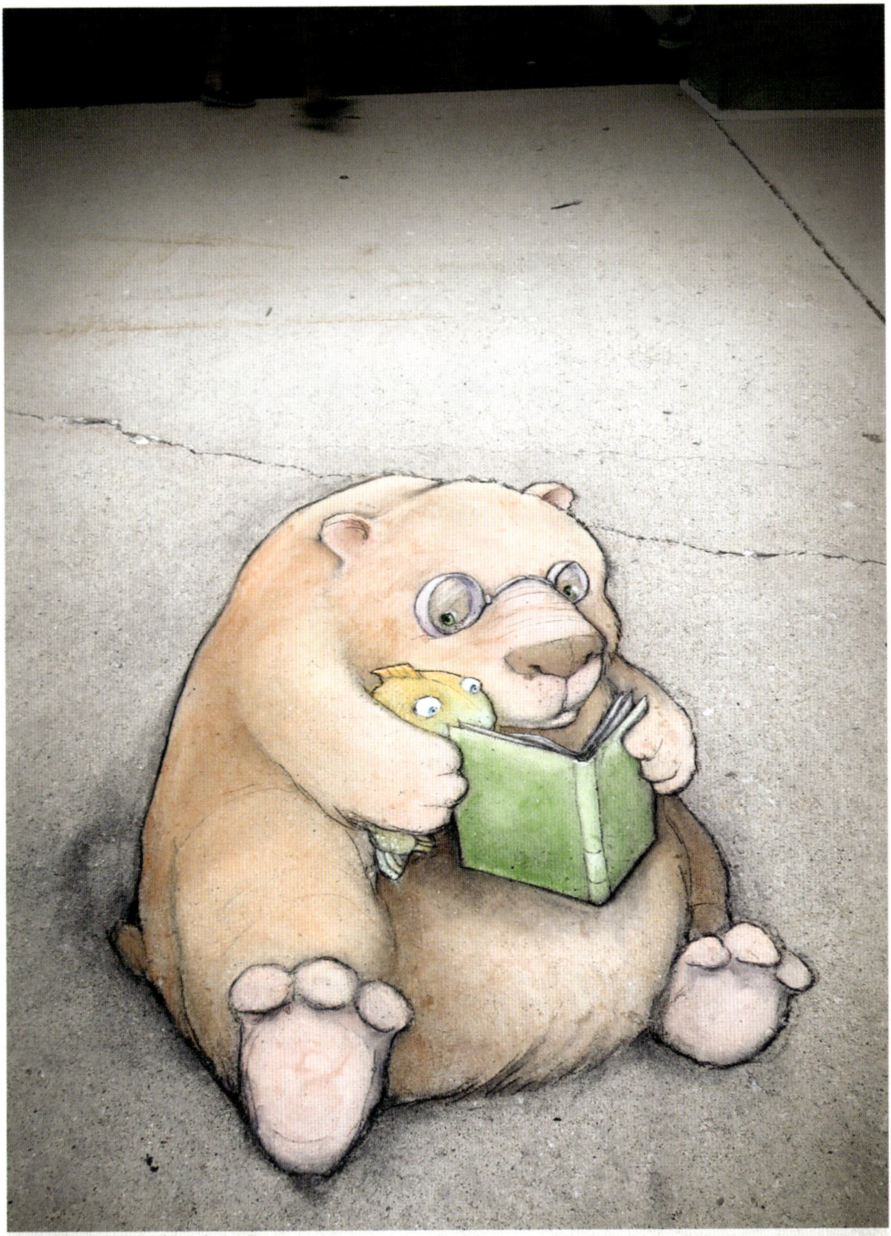

Seltsame Freundschaften entstehen über gute Bücher.

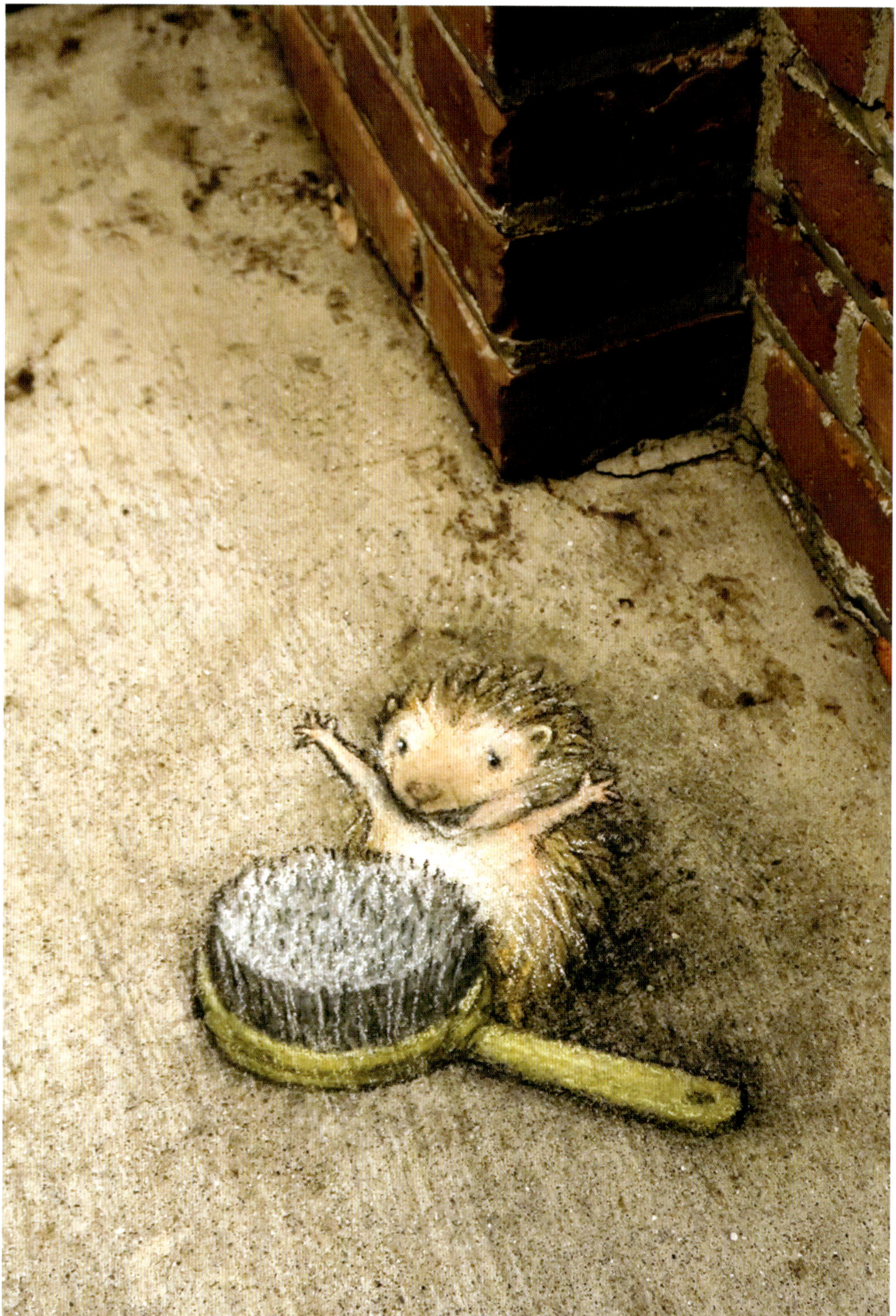

Antheas Nacht in der Stadt verlief hundertmal besser, als sie erwartet hatte.

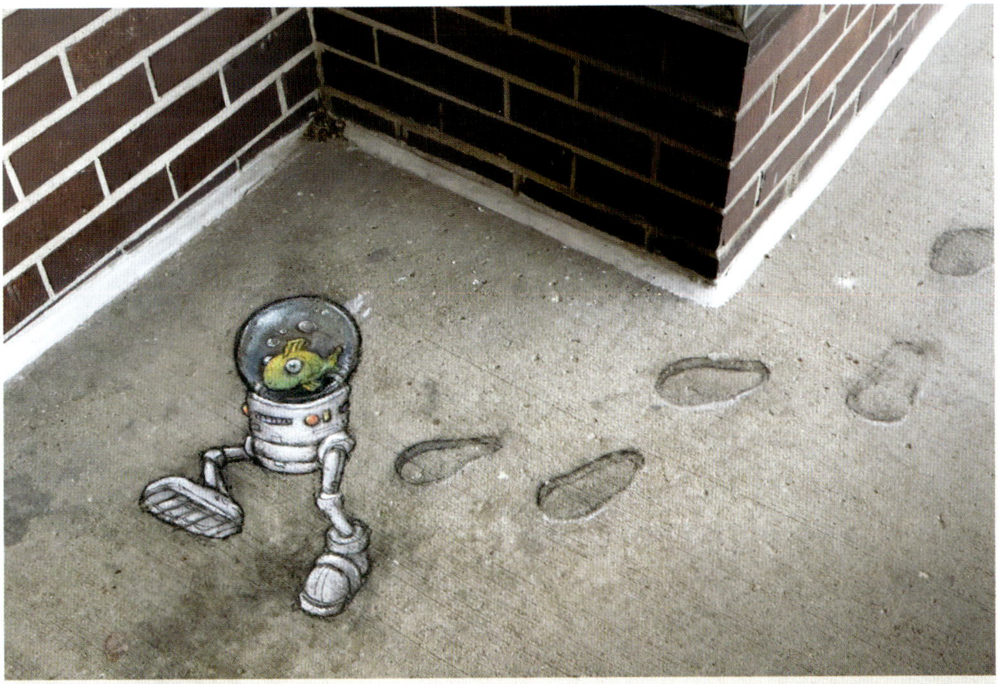

Fisch auf Ausflug

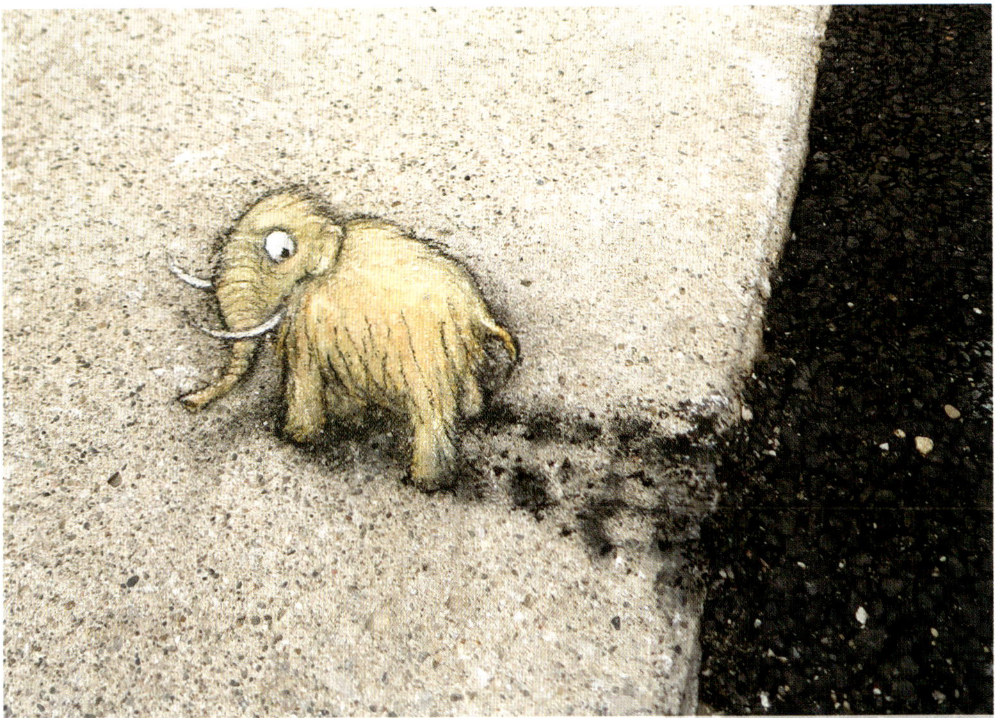

Mammutprobleme

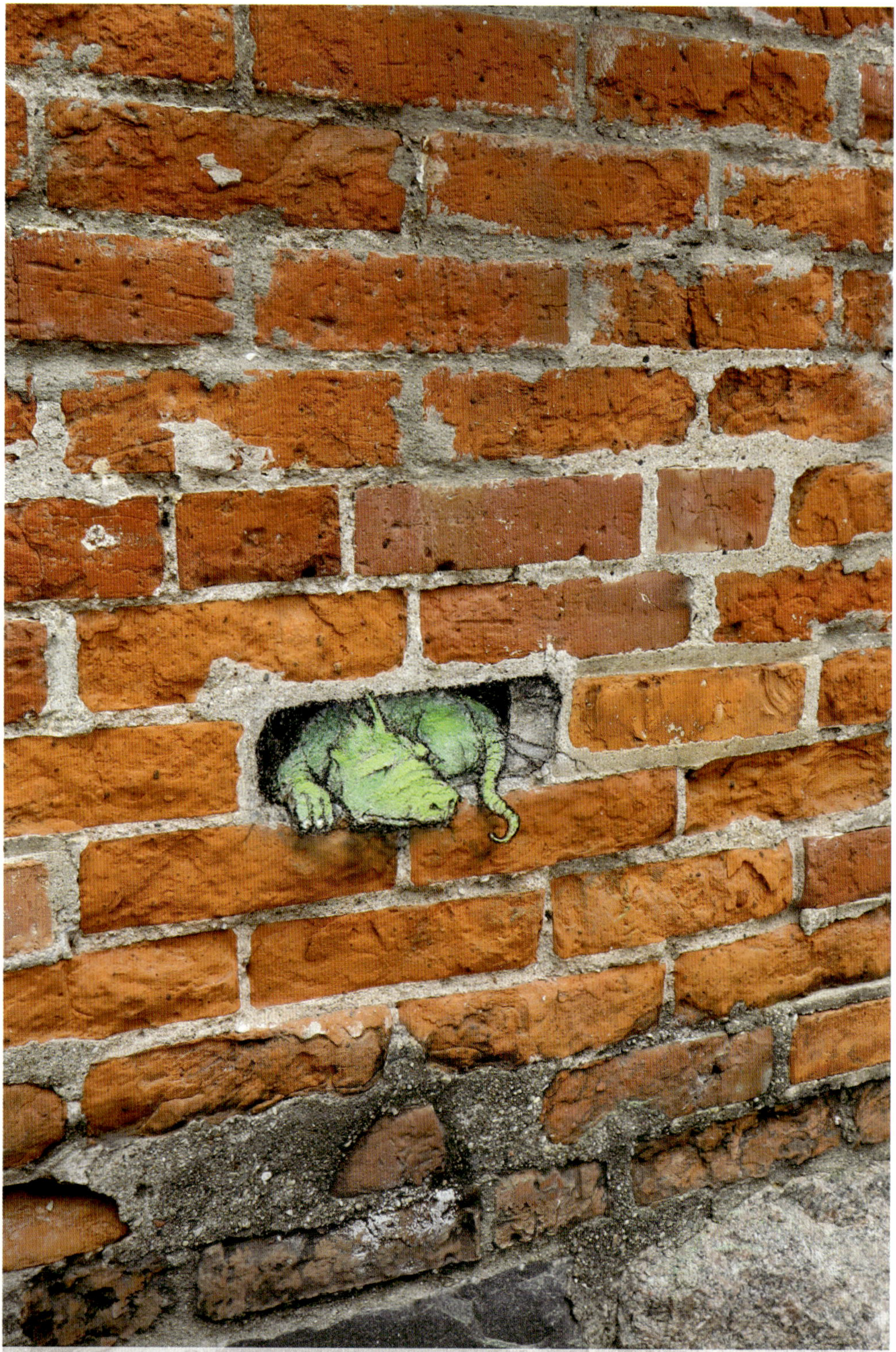

Kulshedra, Verschlinger von Welten, nimmt sich einen freien Tag.

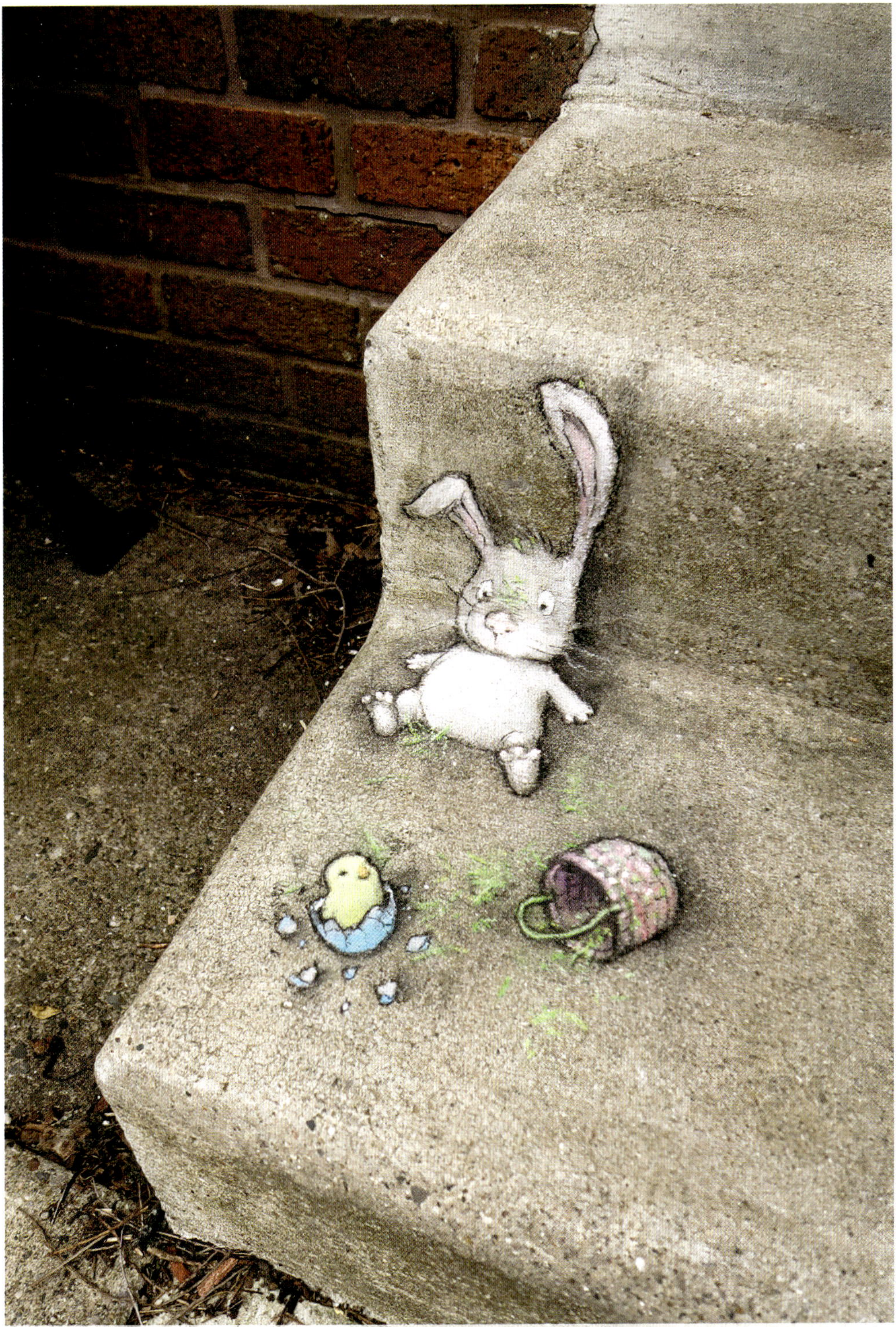

Nach diesem Osterfest hatte Reggie es sich zur Regel gemacht, den Korb bis auf den Boden zu überprüfen, ehe er sich für den Tag abmeldete.

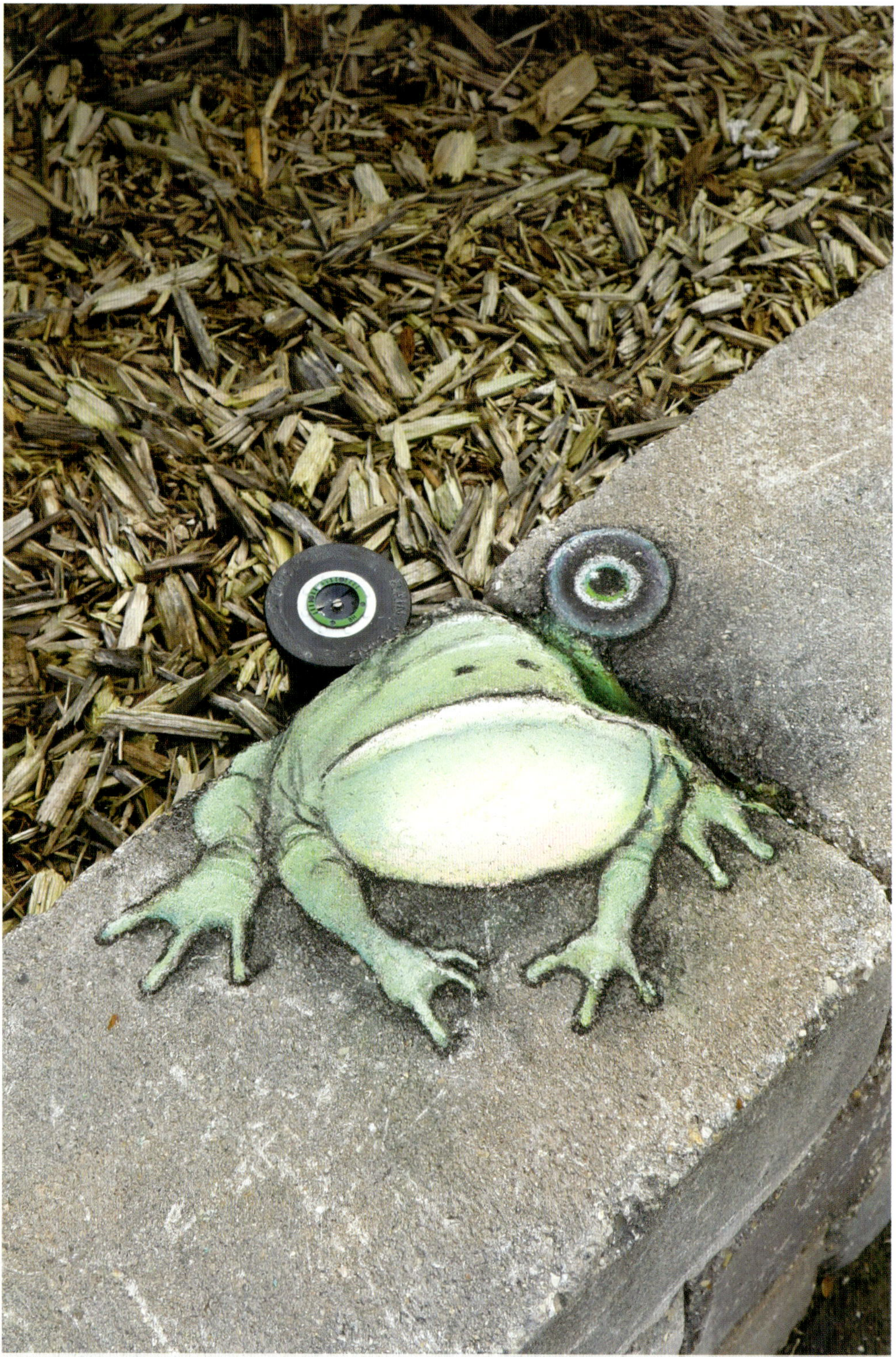

Sprinklerkopf-Frosch

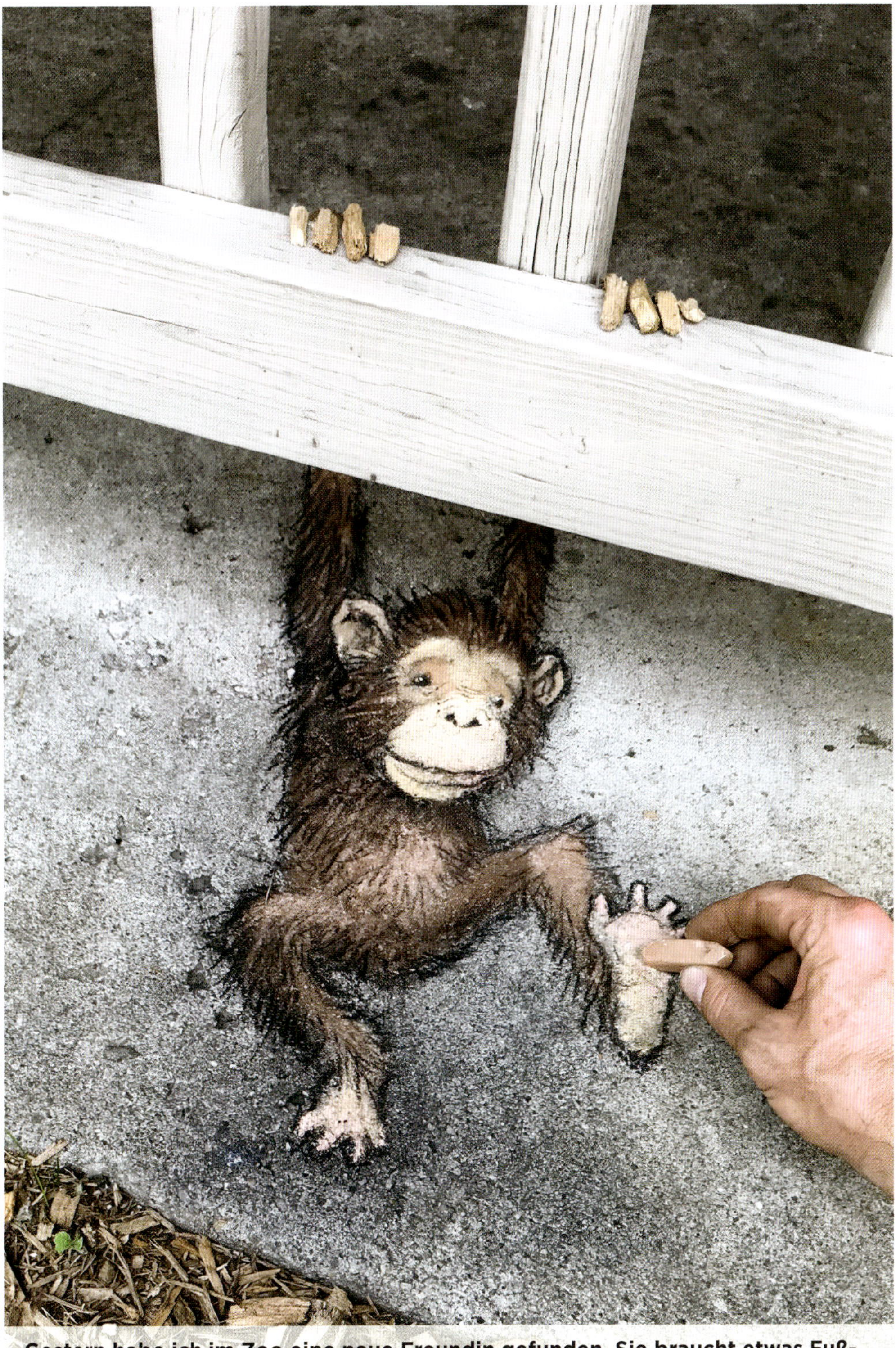

Gestern habe ich im Zoo eine neue Freundin gefunden. Sie braucht etwas Fußpflege, aber sonst macht es Spaß, mit ihr abzuhängen.

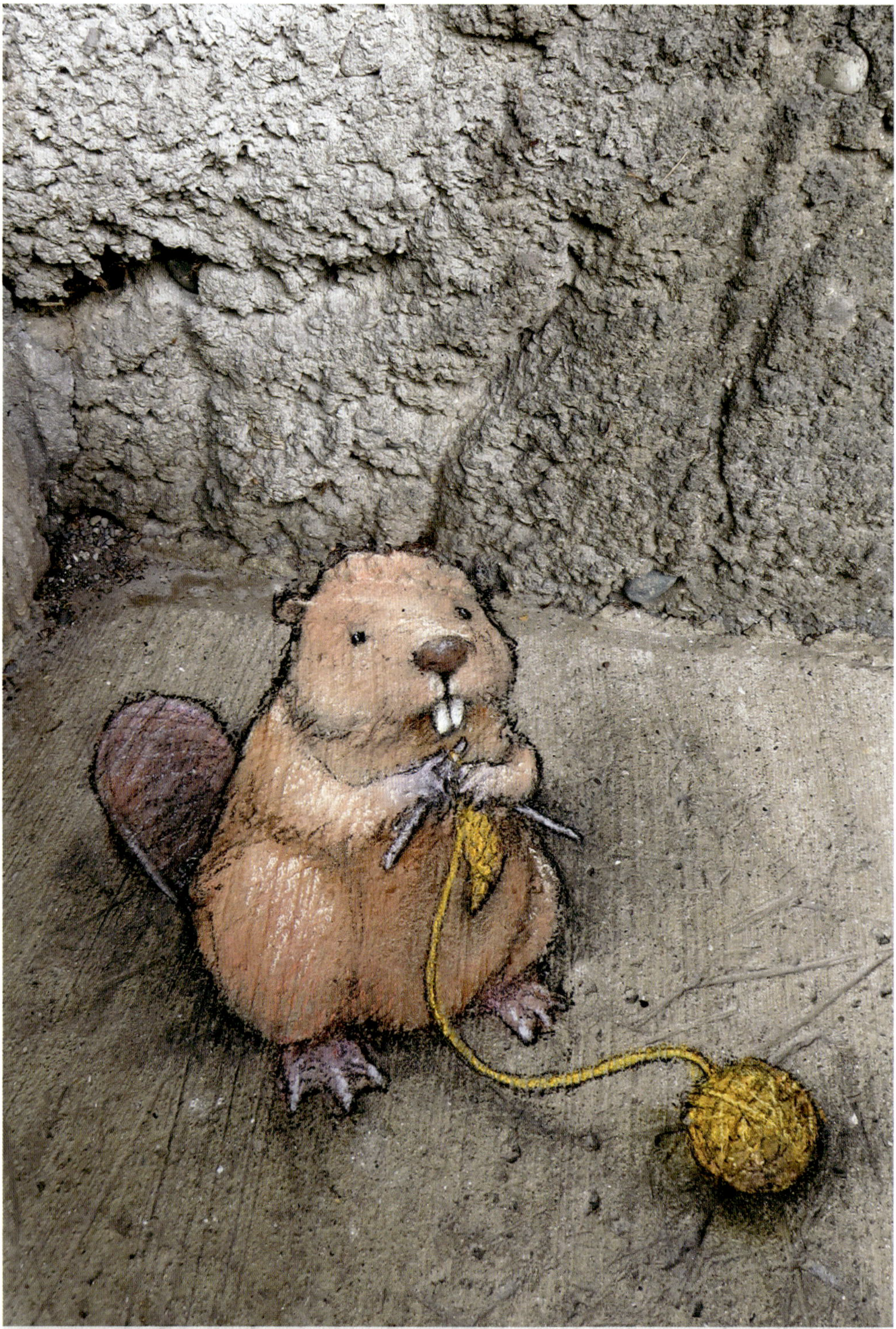

Mit Holzarbeit hat Edith nicht viel am Hut, aber sie strickt einen verdammt guten Pullover.

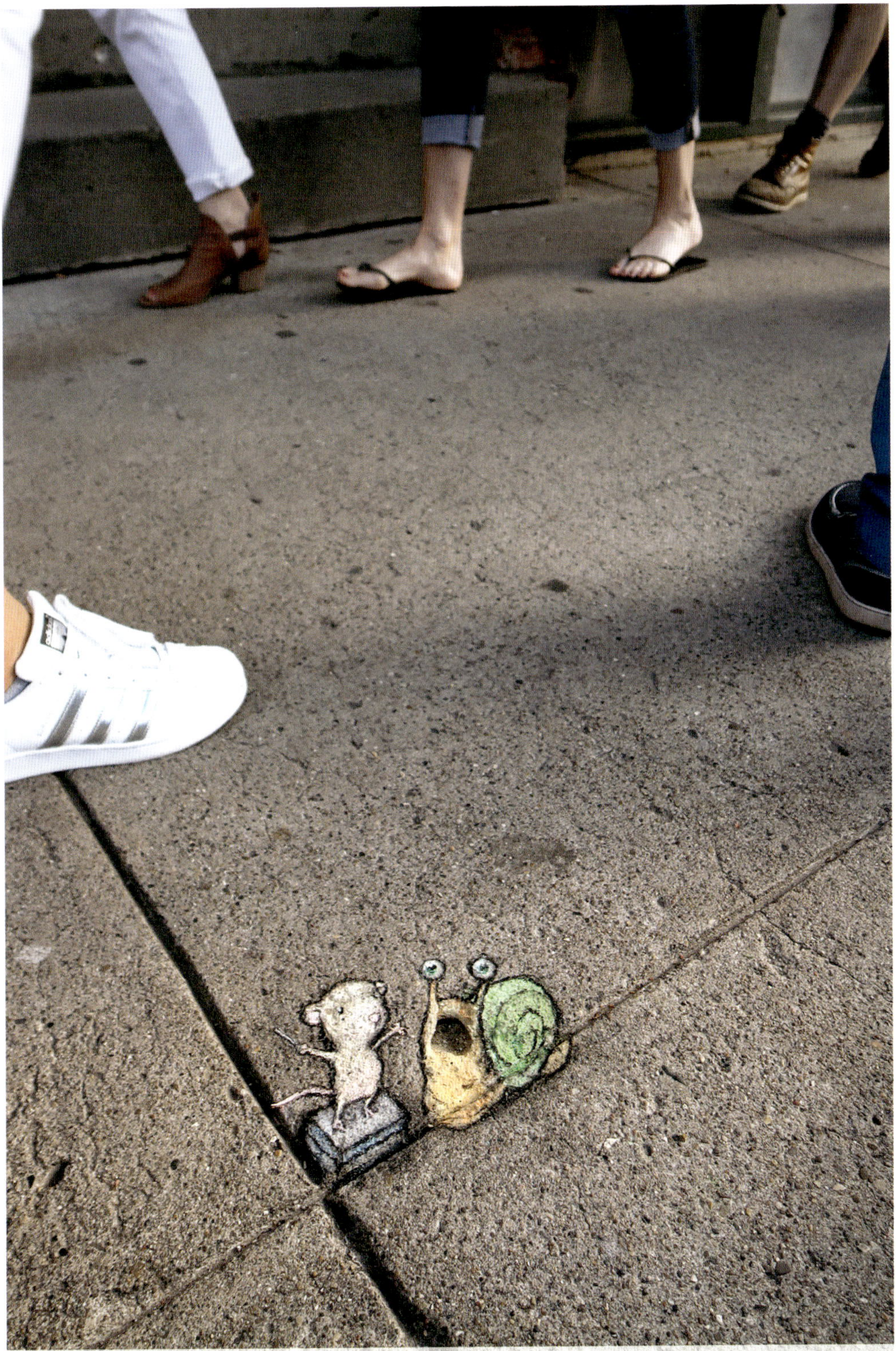

Die Gesangstunde

So komme ich vergnüglich durch schlechtes Wetter

INNENRAUM-ALTERNATIVEN FÜR EPHEMERE KUNST

Eine der größten Hoffnungen, die ich für meine Streetart hege, ist es, dass ihre einfachen Werkzeuge und das leger Lustige des Zeichnens die Betrachter meiner Bilder dazu bringen werden, sich zu sagen: „Na Mensch, das könnte ich auch.“ Herumkritzeln macht Spaß – sei es mit Kreide auf dem Bürgersteig, mit Whiteboard-Stiften im Büro oder mit irgendetwas auf dem Papier der Tischsets im Restaurant.

Da das Wetter im südwestlichen Michigan nicht dazu einlädt, das ganze Jahr auf dem Bürgersteig zu hocken, wurde ich gezwungen, mich für meine Momentan-Inspirationen nach Innenraum-Alternativen zum Regenwaschbeton umzusehen. So entscheide ich mich oft für oder gegen ein Restaurant je nachdem, ob sein Logo auf beiden Seiten der Getränkeuntersetzer abgedruckt ist oder nur auf einer. Im ersteren Fall ist dieses Logo Freiwild für Verzierung, wie es hier veranschaulicht wird. Im letzteren Fall weiß ich genau, wie ich die Zeit fülle, bis mein Burger kommt.

Selig sind die, die einen Stift bei sich haben, denn sie können immer gute Gesellschaft herbeizaubern.

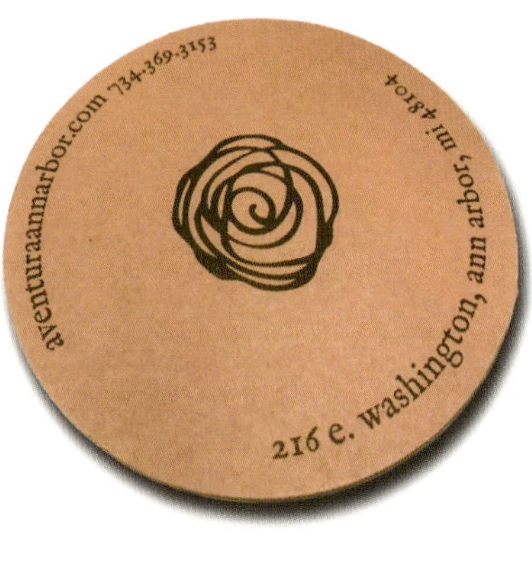

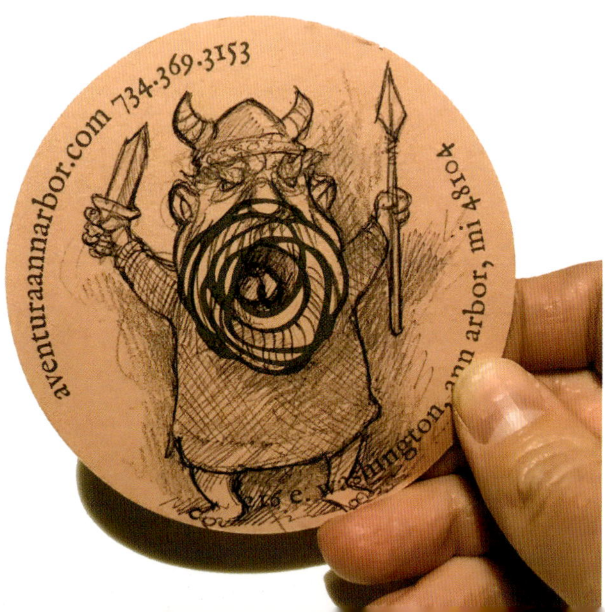

„Bruder Rosenmaul der Wikinger“

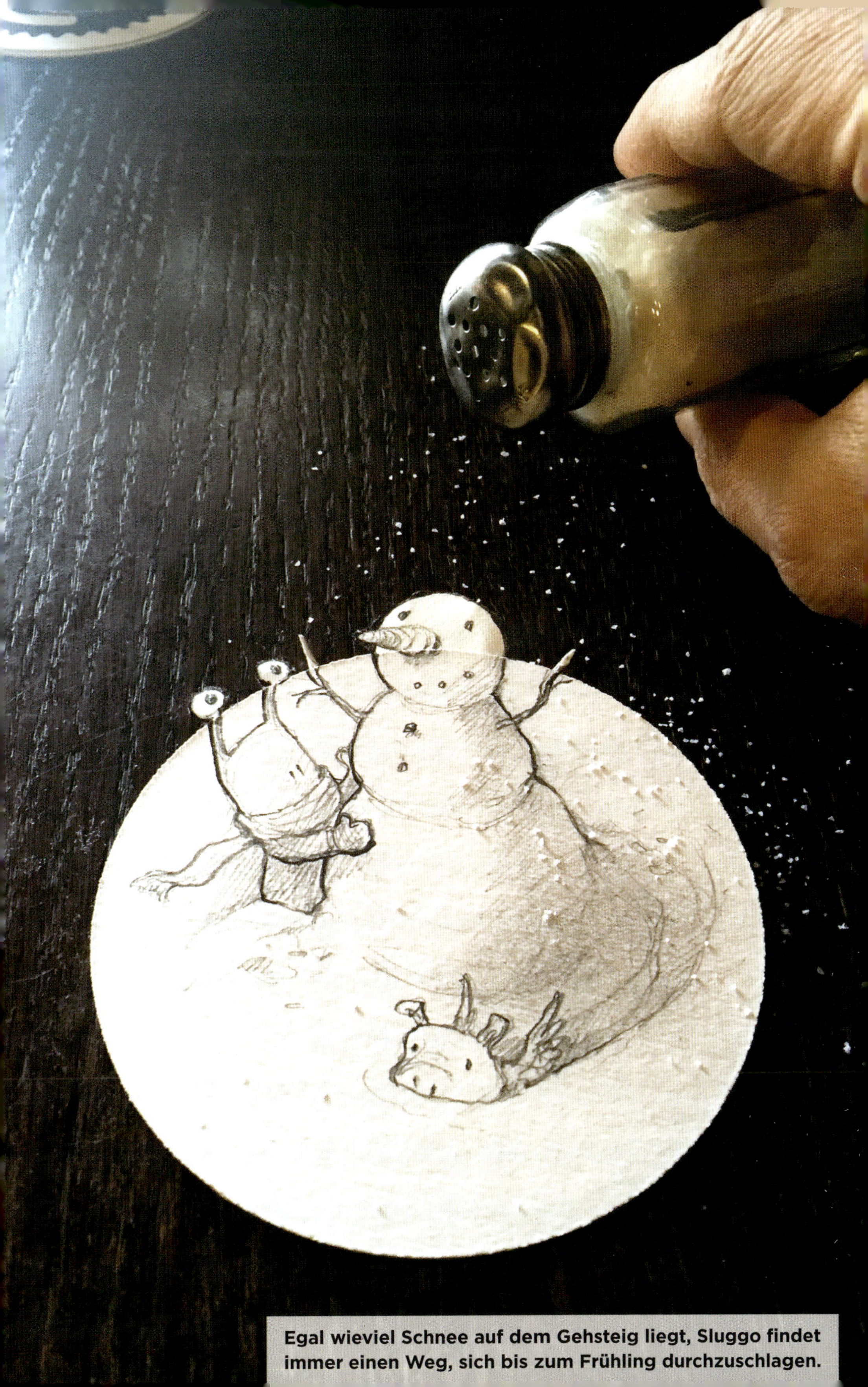

Egal wieviel Schnee auf dem Gehsteig liegt, Sluggo findet immer einen Weg, sich bis zum Frühling durchzuschlagen.

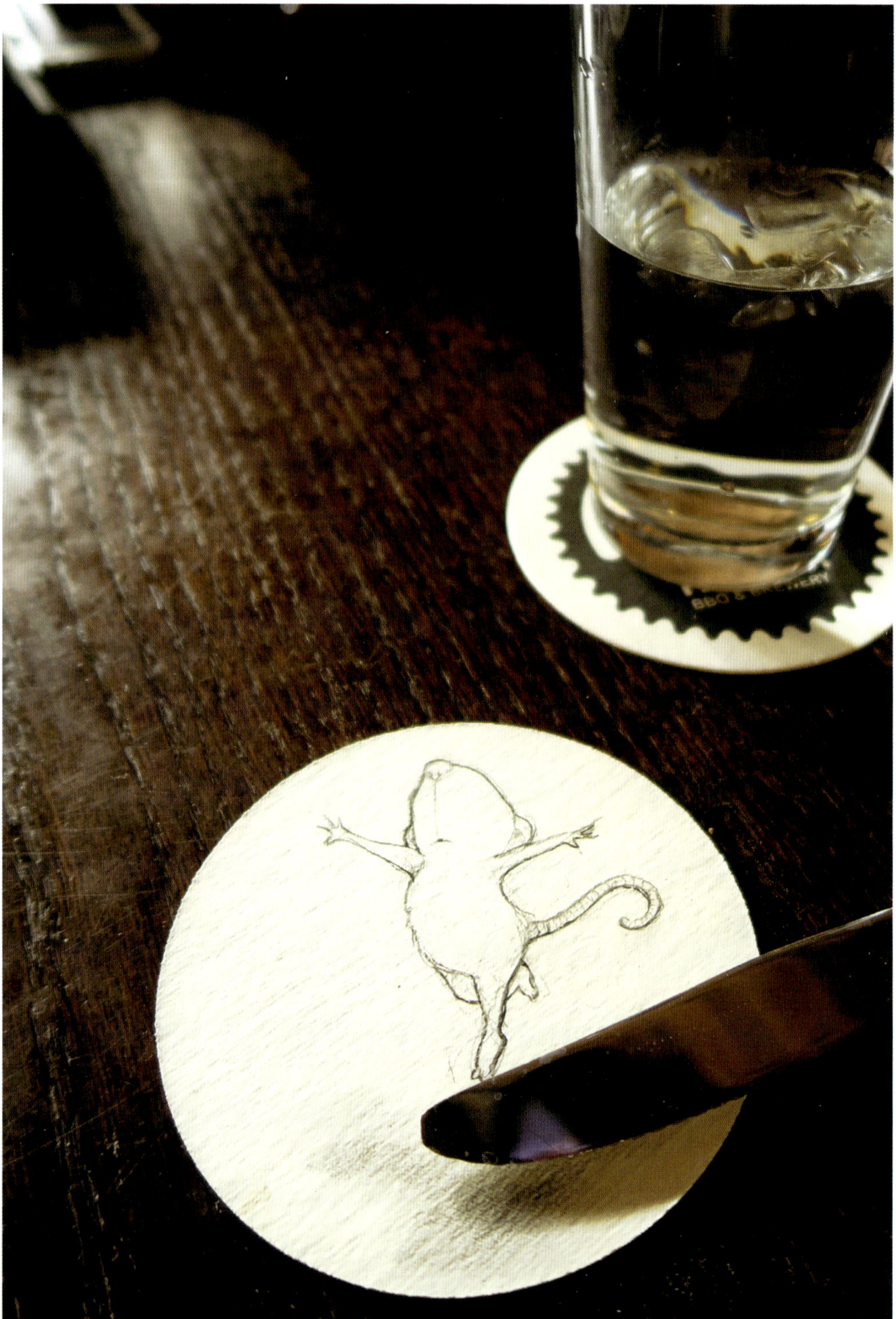

Auf des Messers Schneide zu leben, ist die Mühe nicht wert, wenn du dir keine Zeit zum Tanzen nimmst.

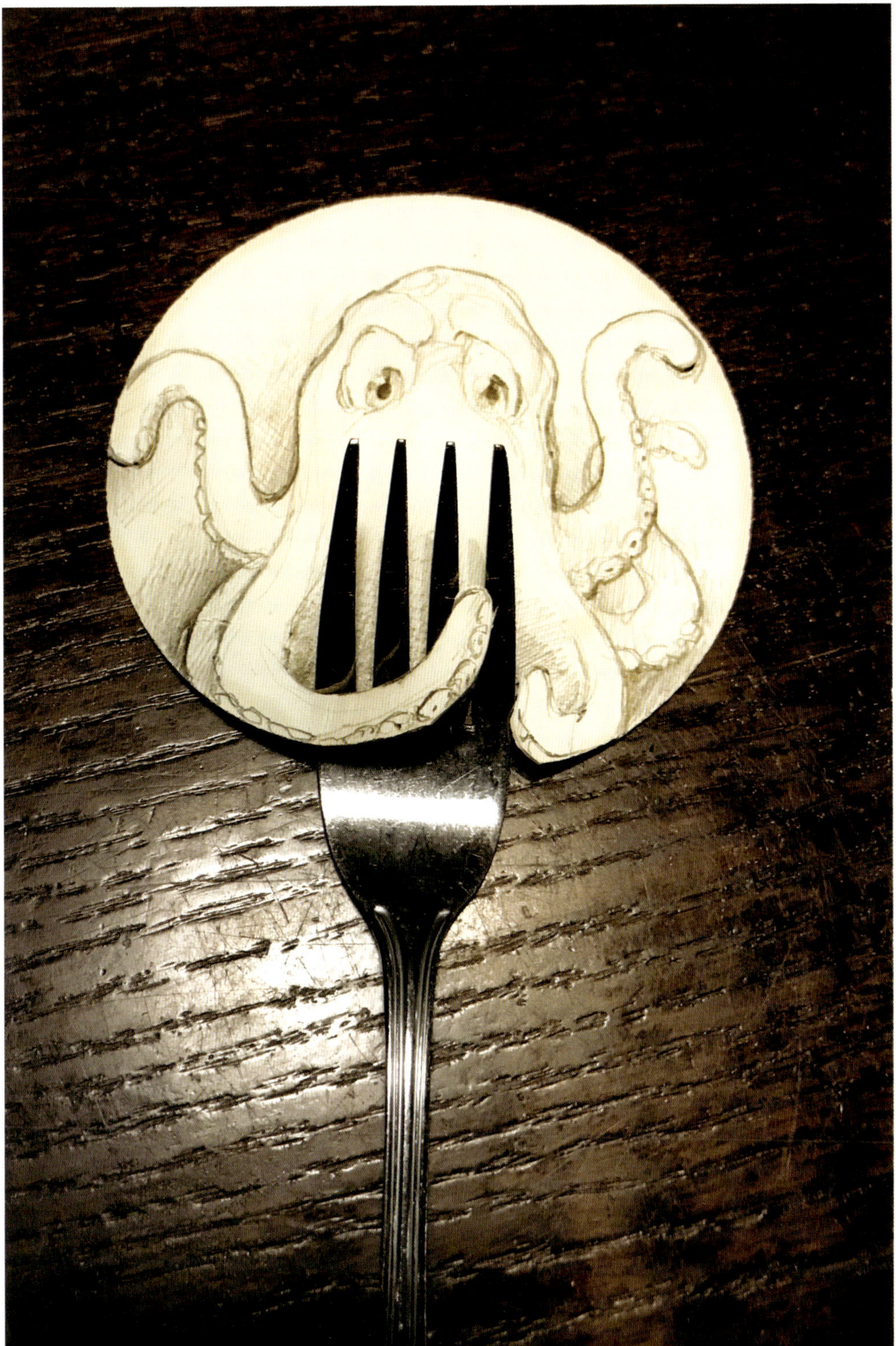

Vorsicht vor der Gabelkrake!

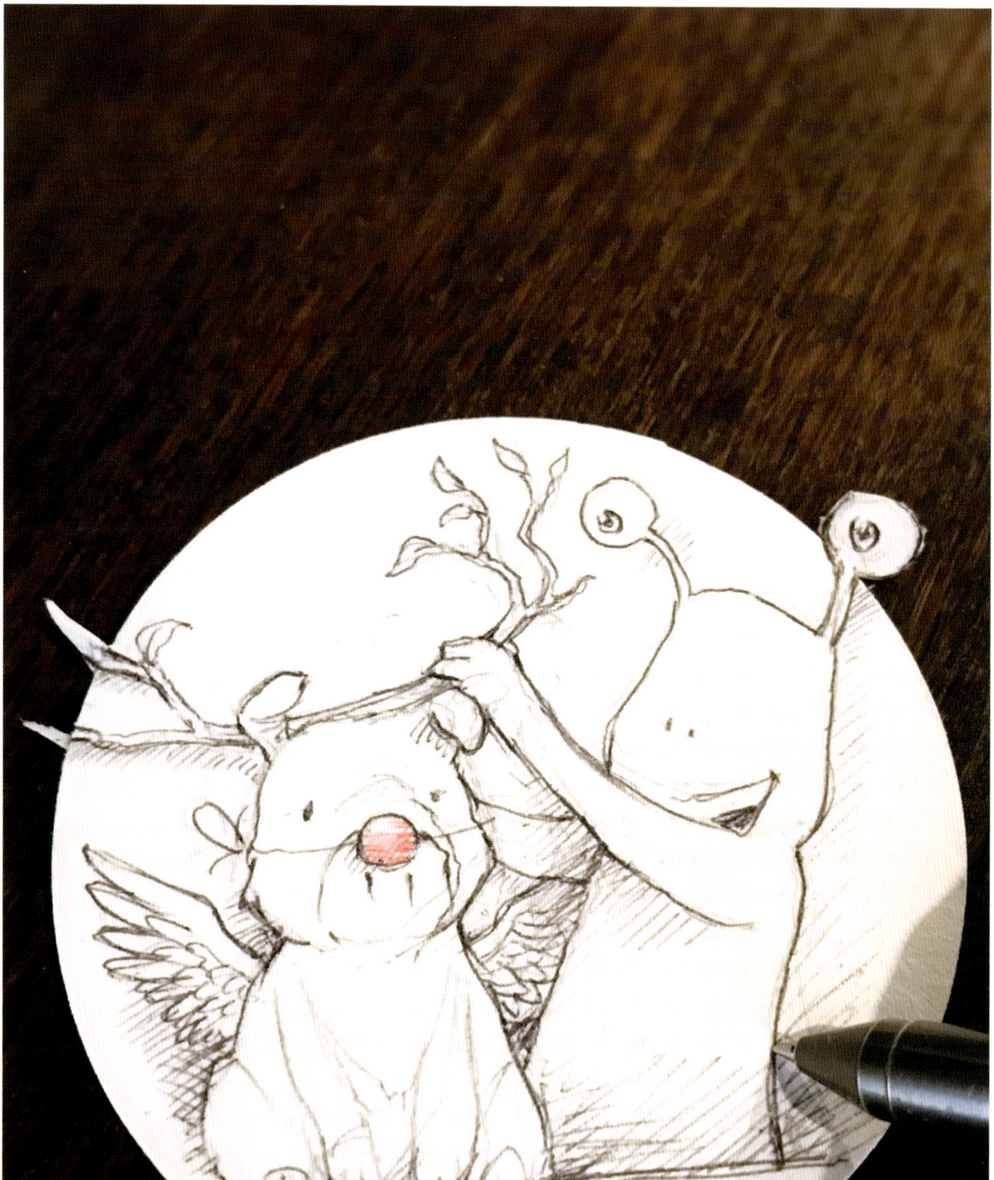

Anmerkung: *Diese Zeichnung, wie auch die vorangehenden drei Beispiele temporärer Kunst, verdanke ich der Großzügigkeit und Nachsicht des Barkeepers im „Blue Tractor", Ann Arbor. Wie die Stammgäste schon wissen, wirft er, sobald ich mich hinsetze, mehrere Untersetzer in meine Richtung und ruft: „Das dürfte dich für eine Weile beschäftigen."*

Dir zu Füßen in der ganzen Welt

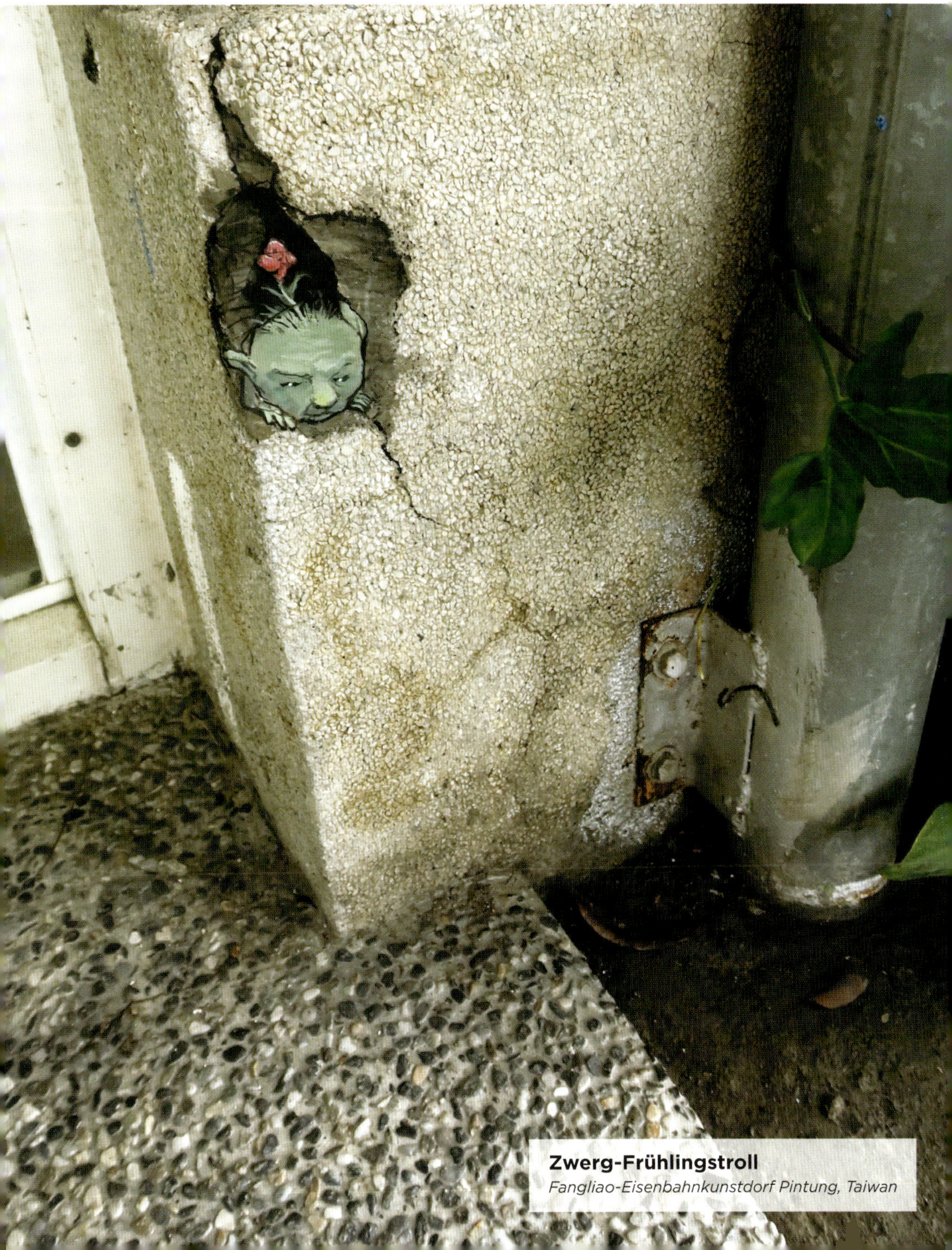

Zwerg-Frühlingstroll
Fangliao-Eisenbahnkunstdorf Pintung, Taiwan

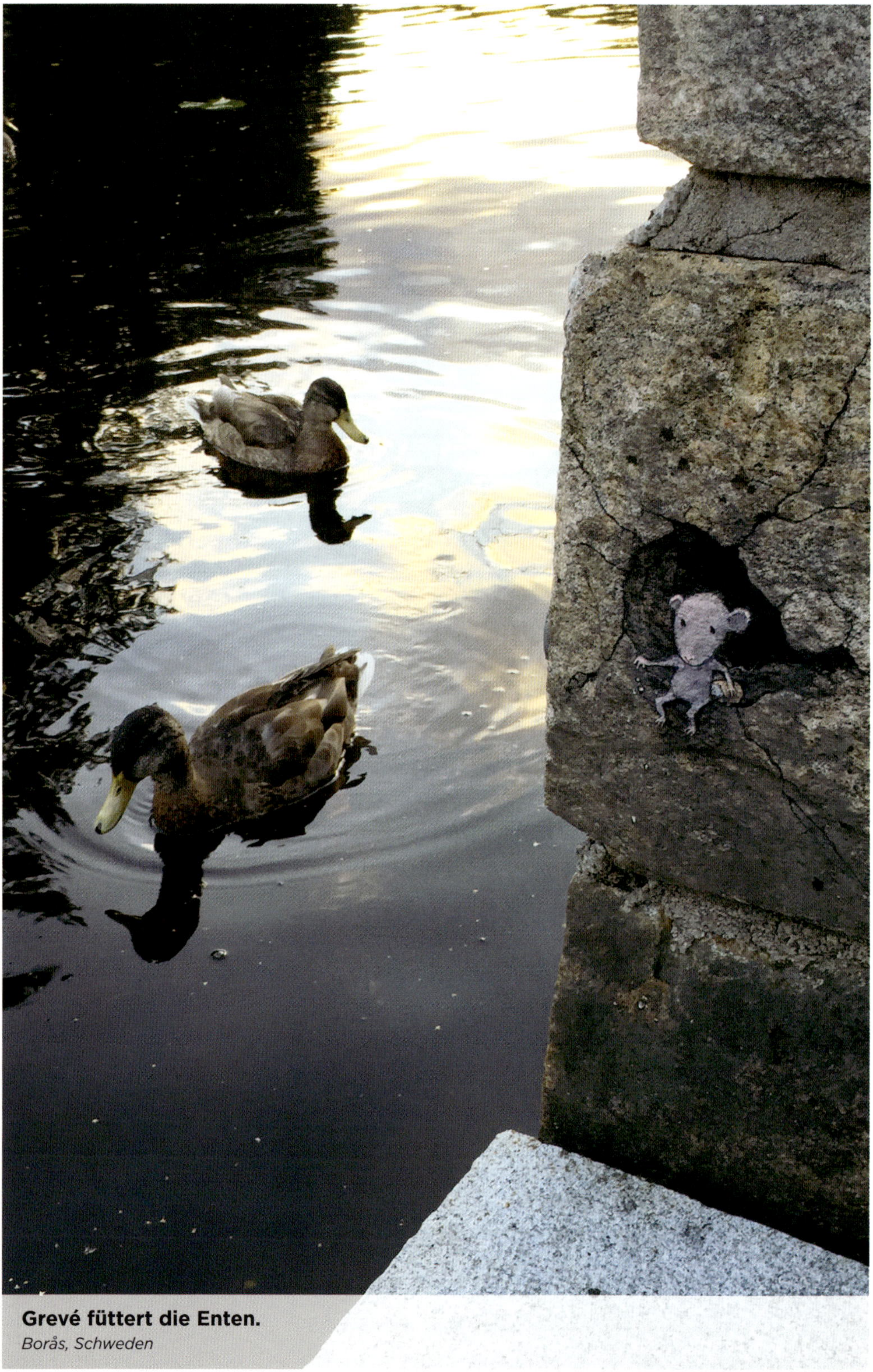

Grevé füttert die Enten.
Borås, Schweden

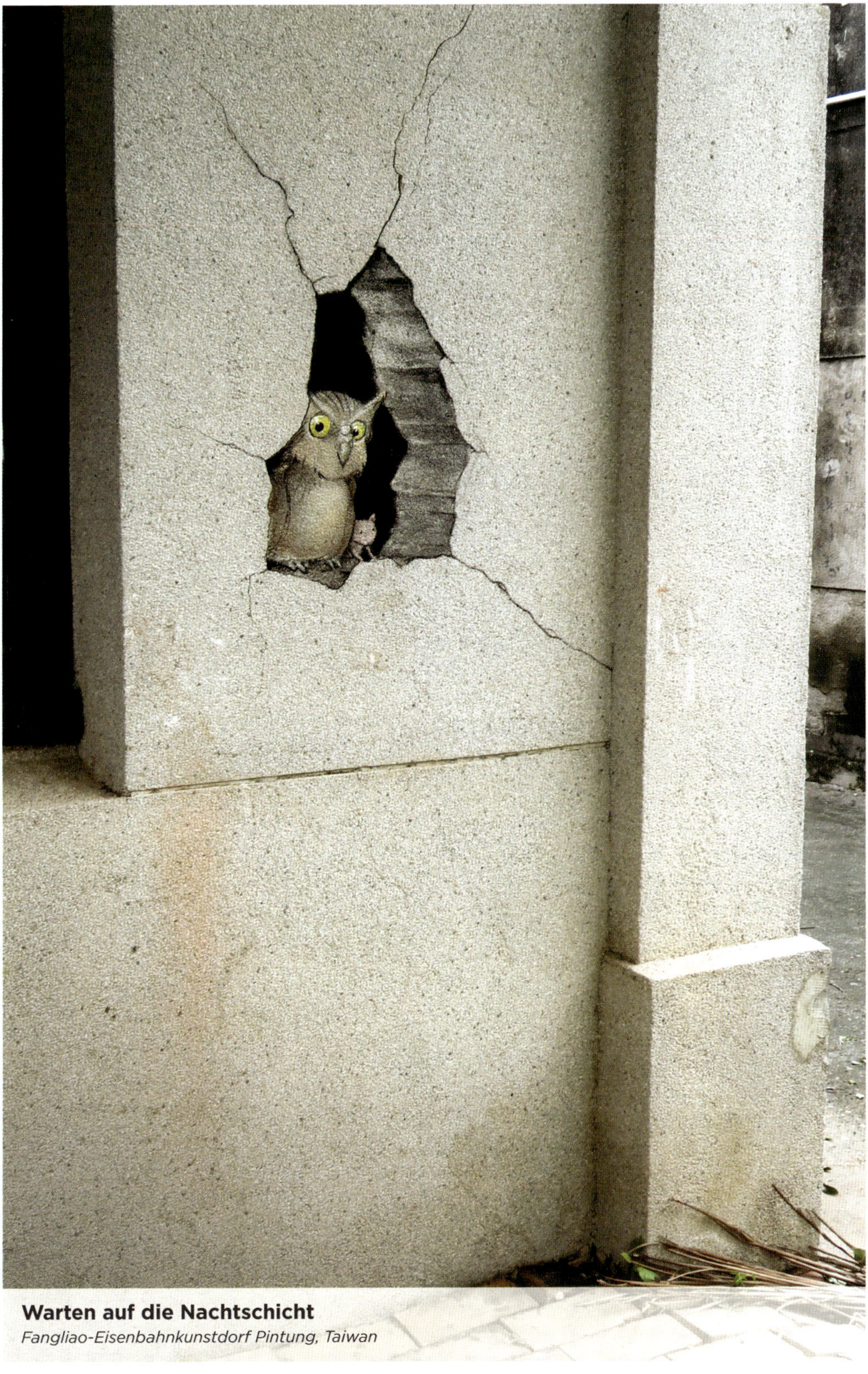

Warten auf die Nachtschicht
Fangliao-Eisenbahnkunstdorf Pintung, Taiwan

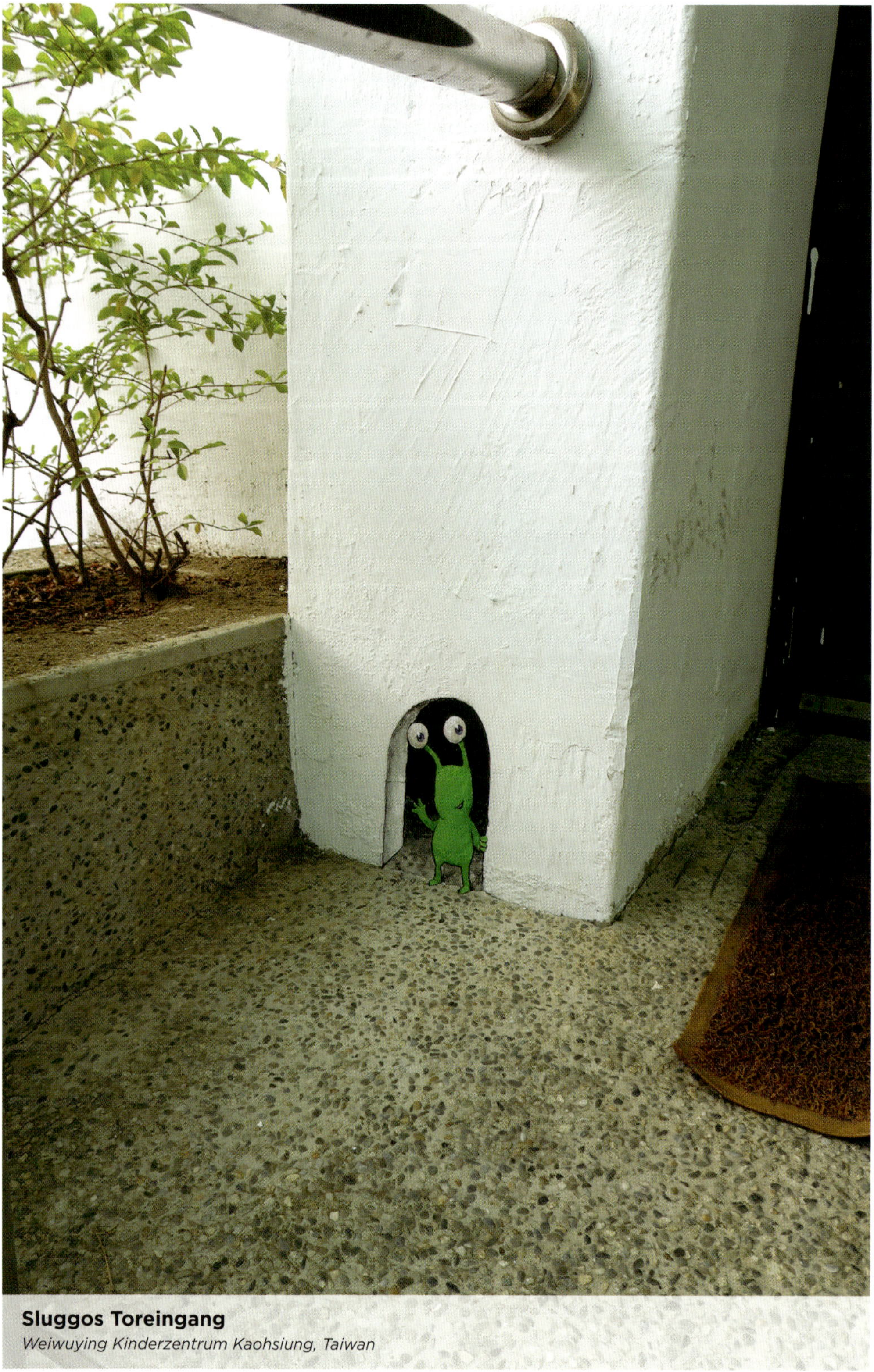

Sluggos Toreingang
Weiwuying Kinderzentrum Kaohsiung, Taiwan

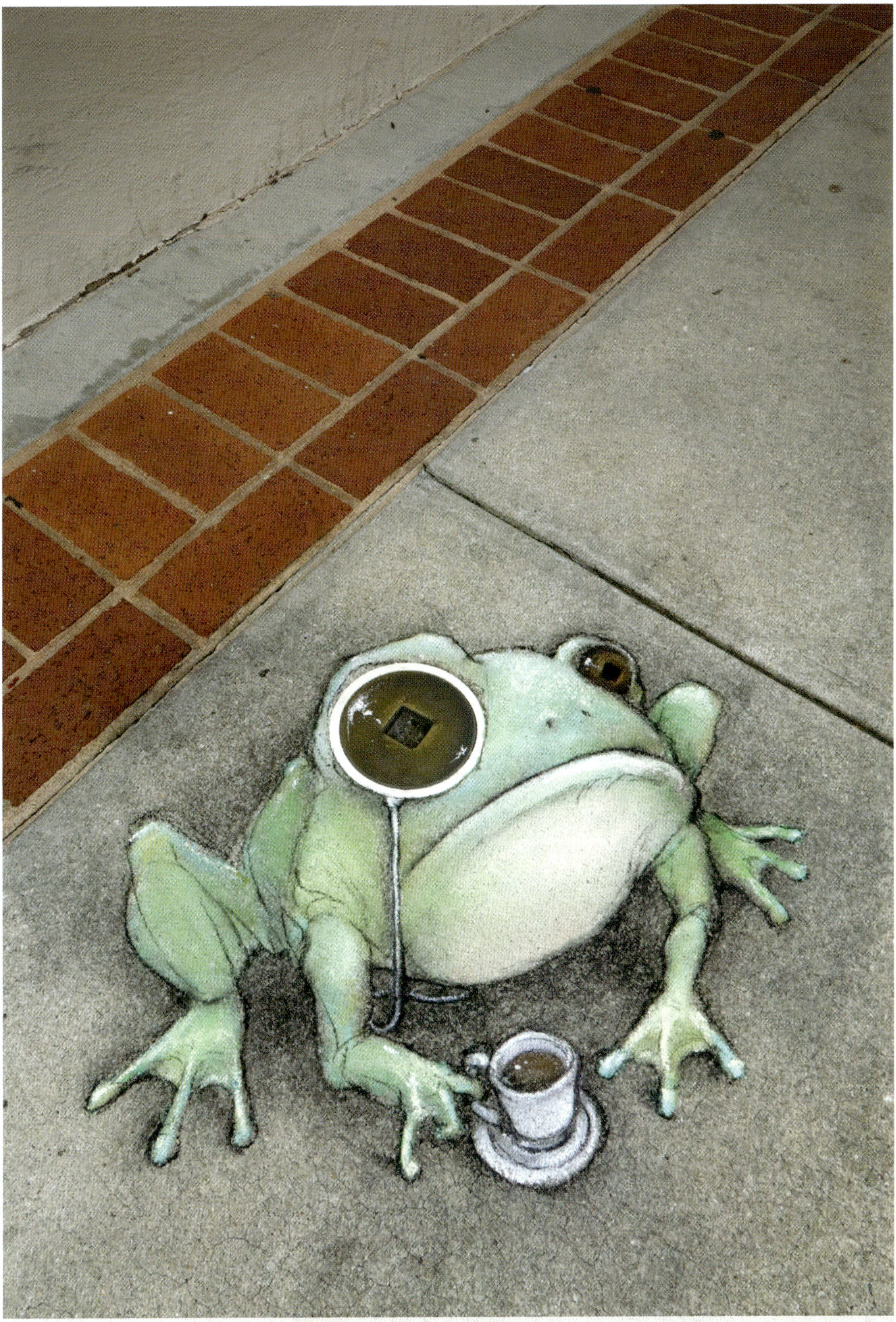

Simon hatte gehofft, sein neuer Augenschmuck würde ihn weltmännisch verfeinern, aber insgeheim sehnt er sich nach einem Burger mit Fliegen.
Artisphere Festival Greenville, South Carolina

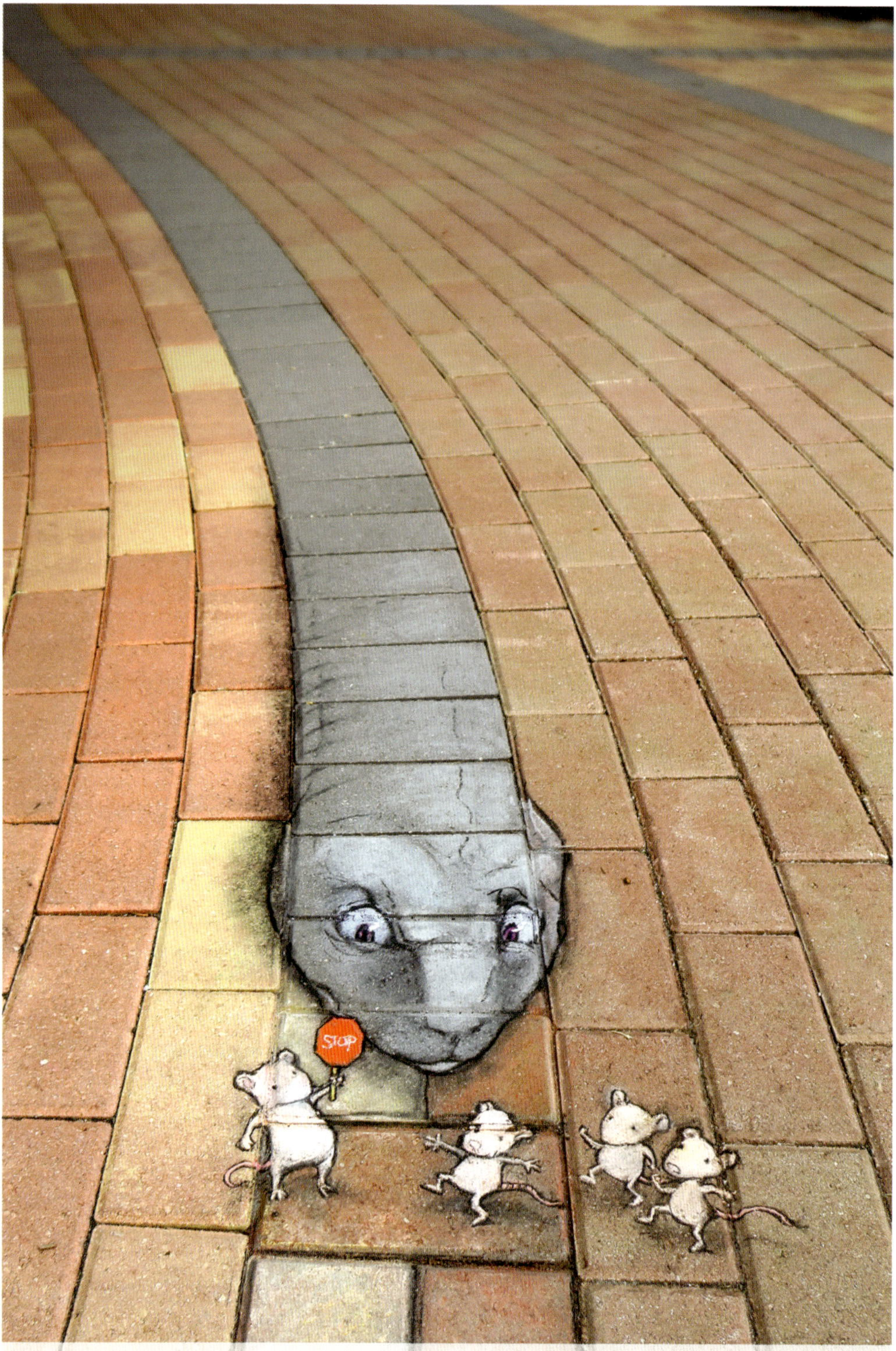

Straßenübergang für Mäuse
Lauderdale-by-the-Sea, Florida

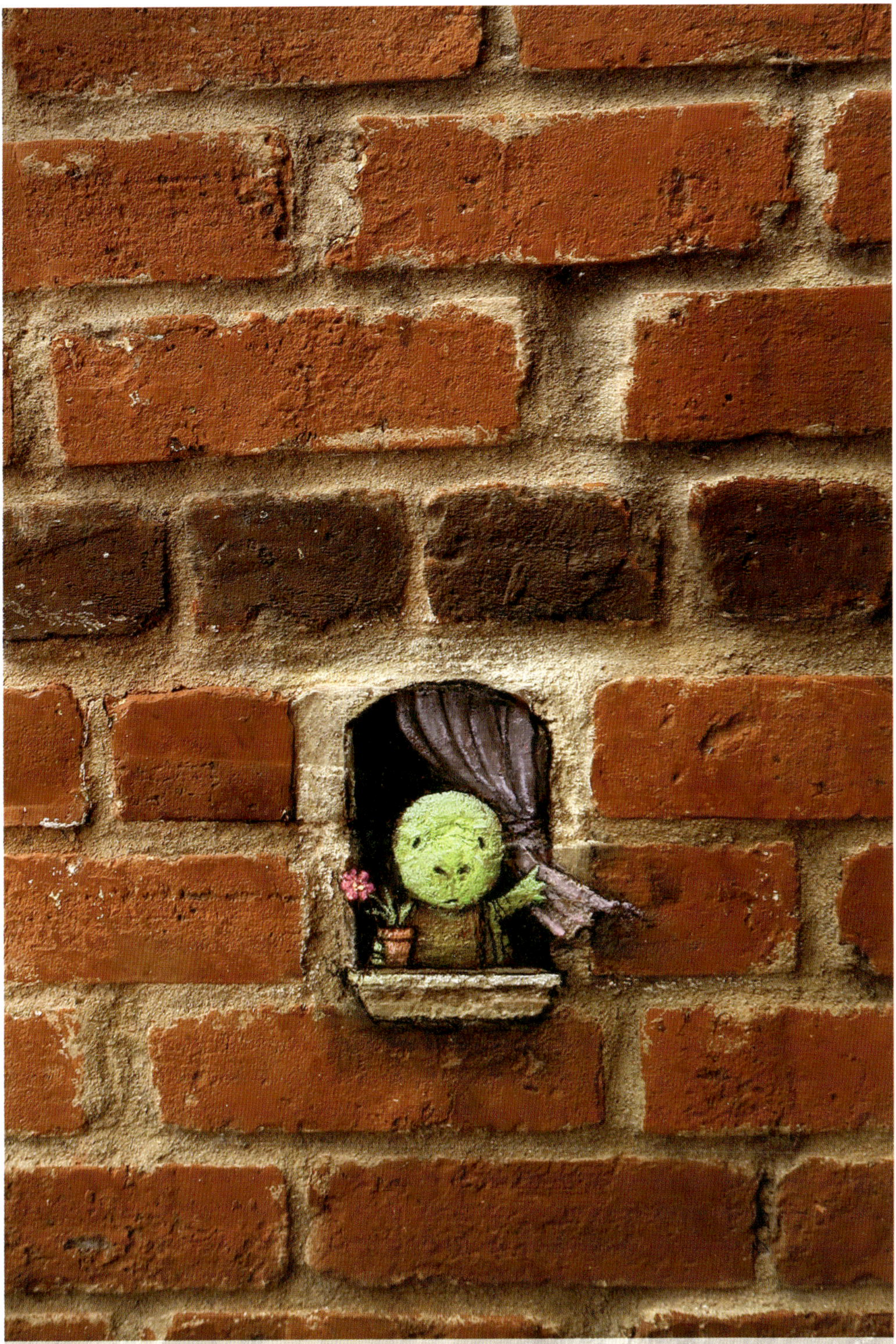

Samuel ist auf der Suche nach nicht-botanischen Freunden.
Carrolton, Georgia

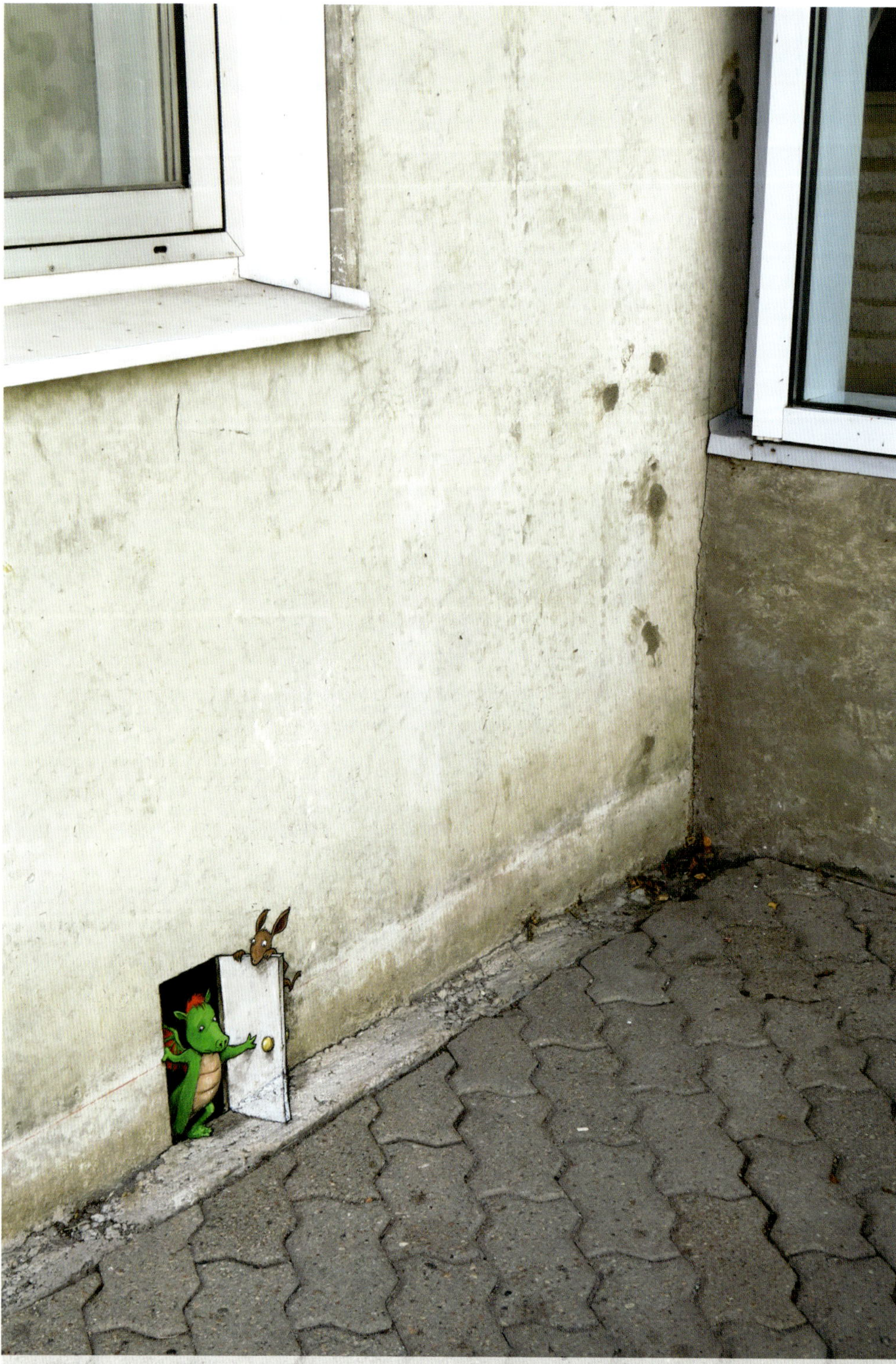

Navet Science Center: Eingang für die Mitarbeiter
Borås, Schweden mit Figuren von Anna Gunnarsson und Daniel Stahle

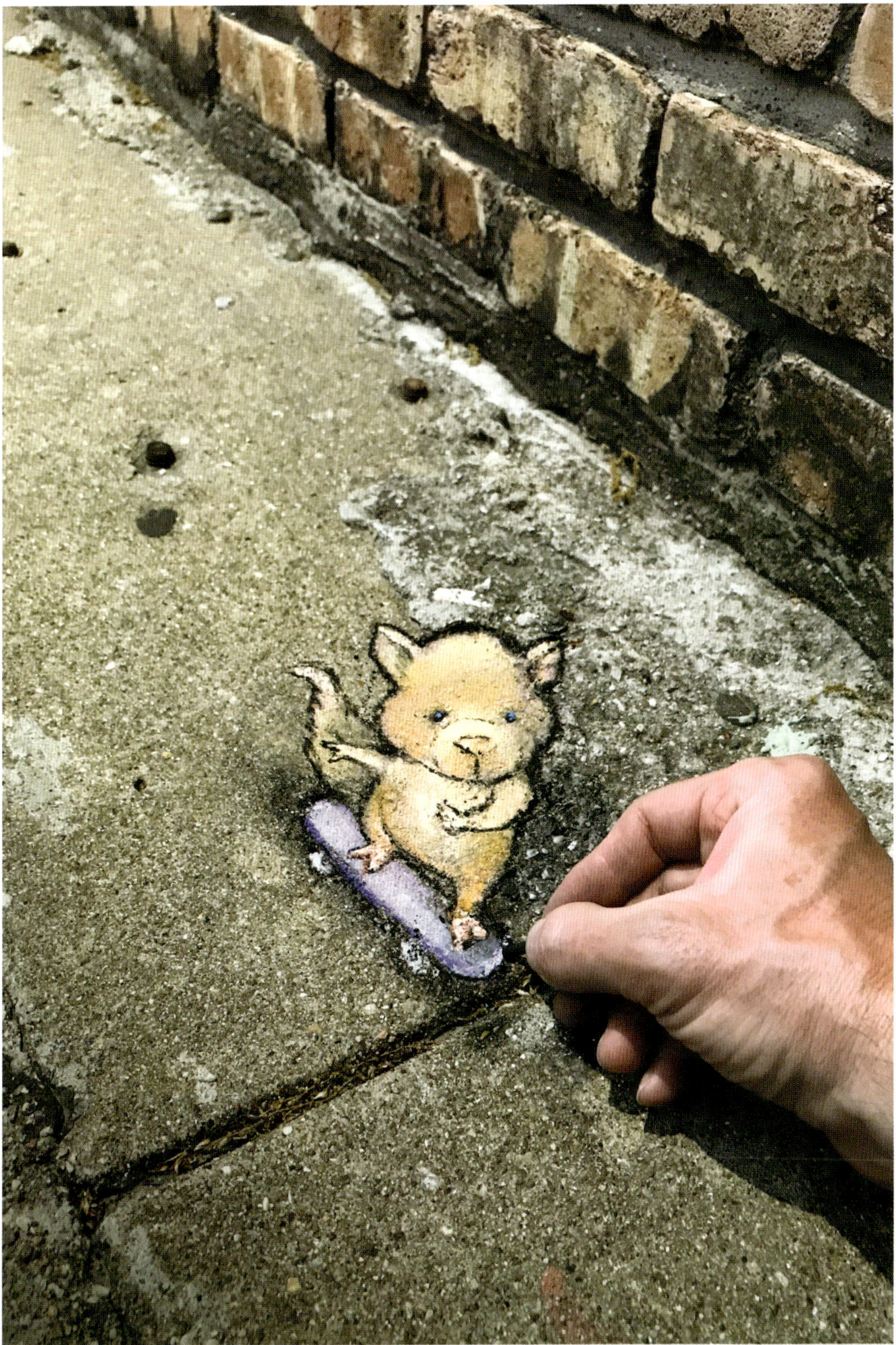

Squoxier beim Skateboarden
Fort Worth, Texas

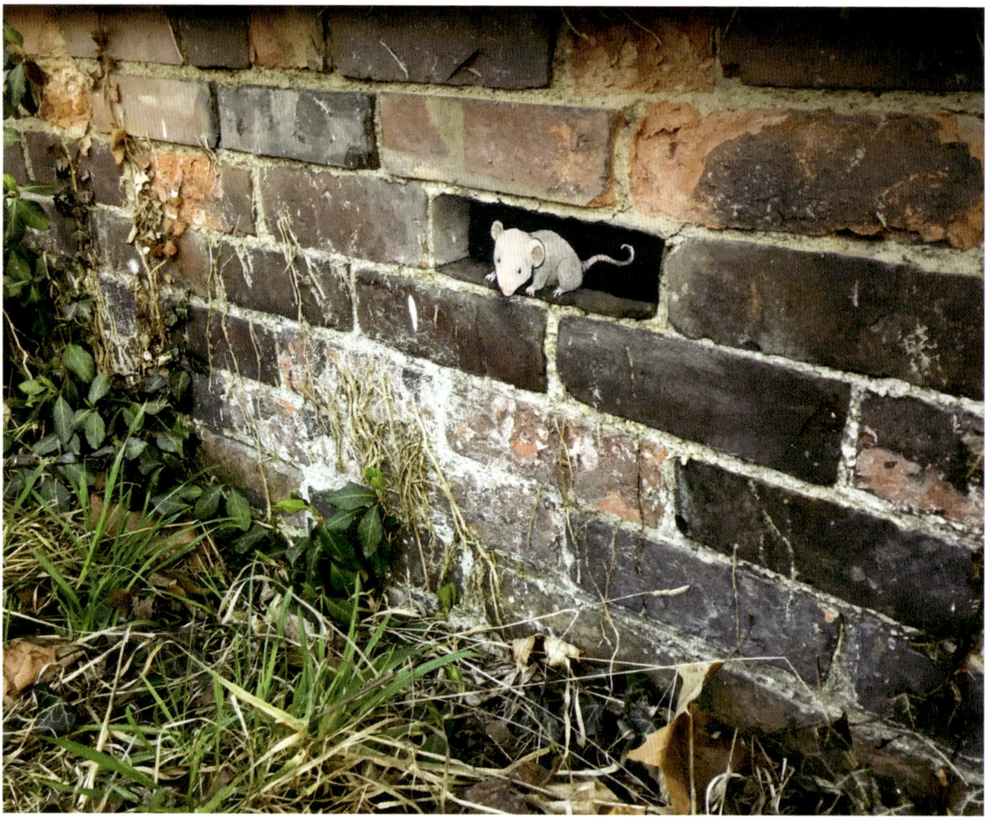

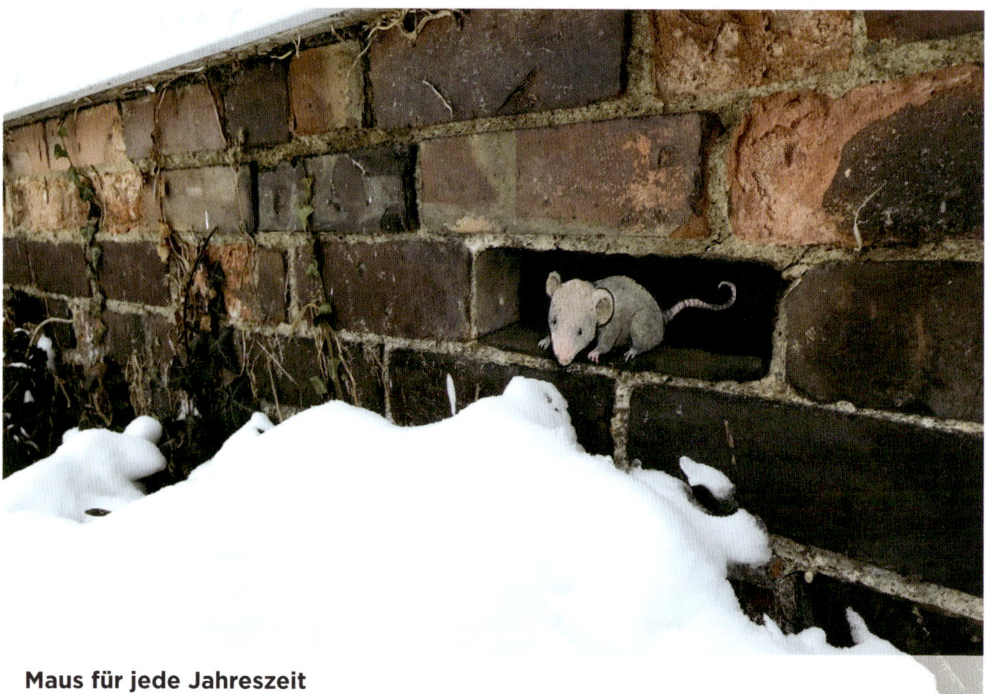

Maus für jede Jahreszeit
Ann Arbor, Michigan

Manchmal auch Pinsel und bleibende Bilder

Wenn du einer von den wirklich aufmerksamen Lesern bist, wirst du in meiner Philosophie des „Gottseidank, dass alles wieder weggespült wird“ mittlerweile eine leise Spur von Unaufrichtigkeit entdeckt haben: Einige dieser Zeichnungen sind dauerhaft.

Mein Engagement für vergängliche Kunst ist echt und ehrlich, aber die Laufbahn eines hauptberuflichen Straßenkritzlers führt unausweichlich zu Situationen, wo Kreide einfach nicht ausreicht – wie zum Beispiel bei langfristigen Raubzügen durch kleine Städte im Mittleren Westen oder bei Einladungen, Streetart in der regenreichsten Stadt Schwedens zu schaffen. Ich gebe zu, für diese Fälle meine Ängste unterdrückt und zum Pinsel gegriffen zu haben, was mir – und das muss fairerweise gesagt werden – Teile der Welt eröffnet hat, an denen Kreidestaub nicht haften geblieben wäre. Hier, für den neugierigen Weltenbummler, sind einige Installationen, die möglicherweise noch dort zu finden sind, wo ich sie hinterlassen habe.

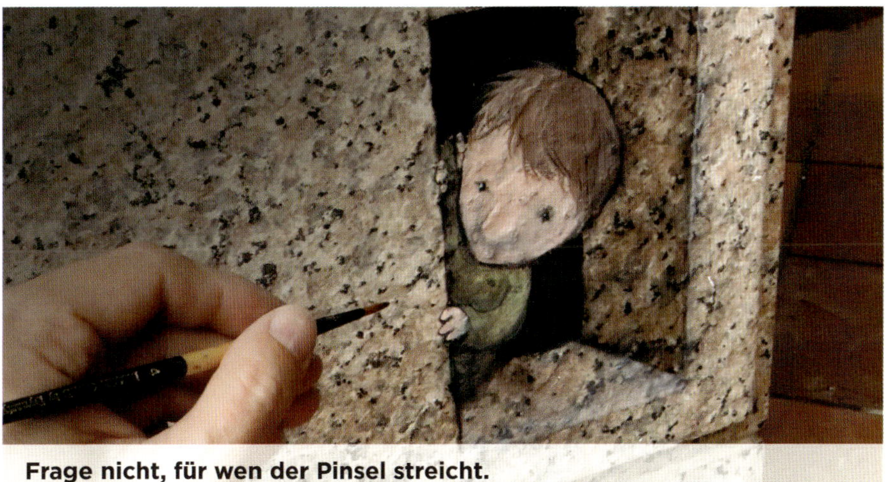

Frage nicht, für wen der Pinsel streicht.
Chiayi, Taiwan

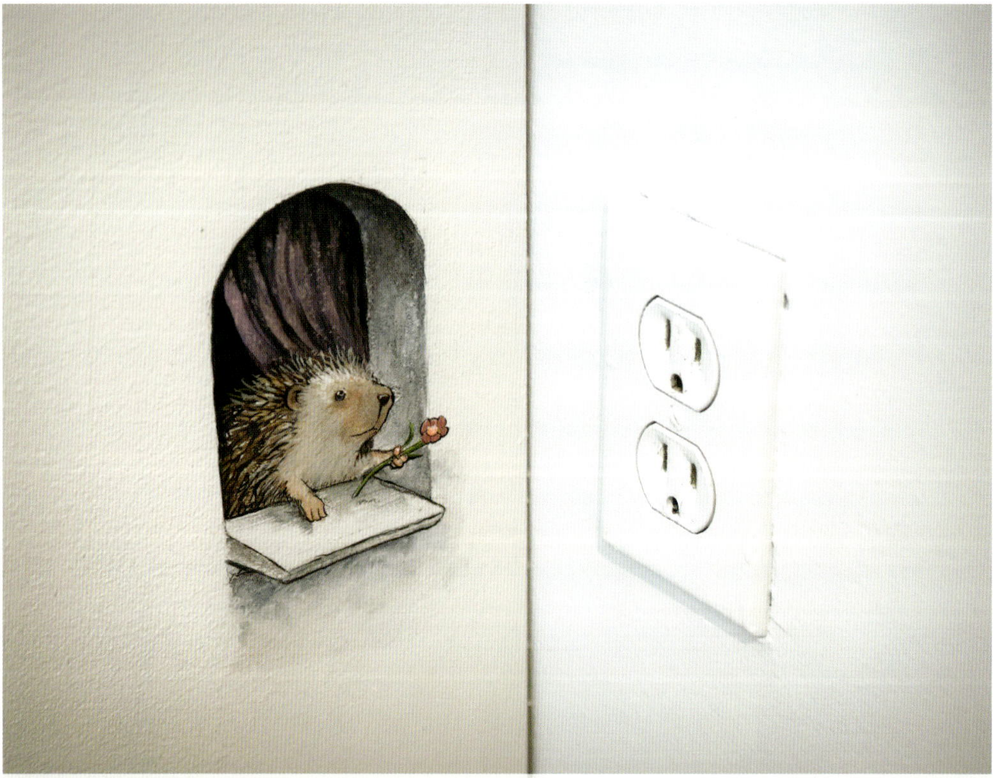

Jeden Tag versucht Nate, mit den Mädchen nebenan Bekanntschaft zu schließen, aber bisher haben sie ihm immer nur „diesen Blick“ zugeworfen.
Saginaw, Michigan

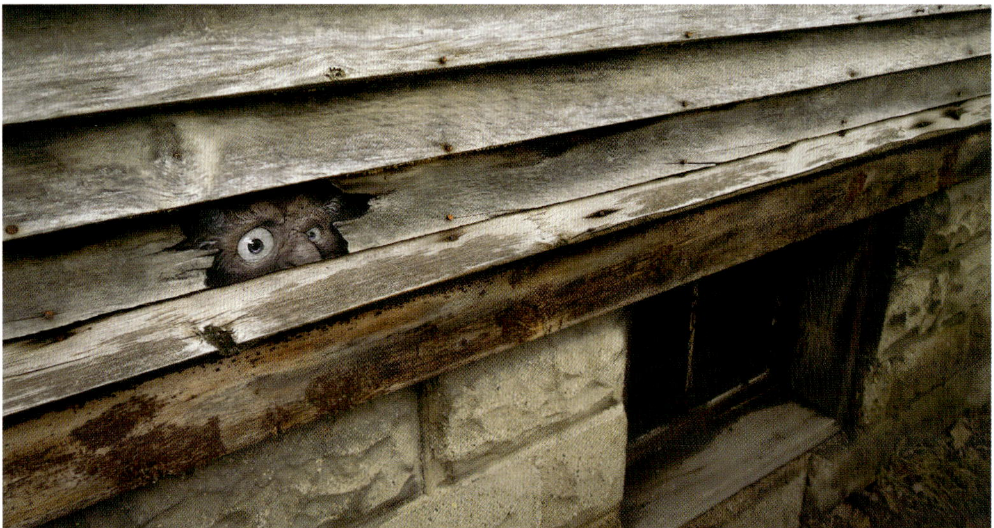

Komfortniveau: verbarrikadiert
Ann Arbor, Michigan

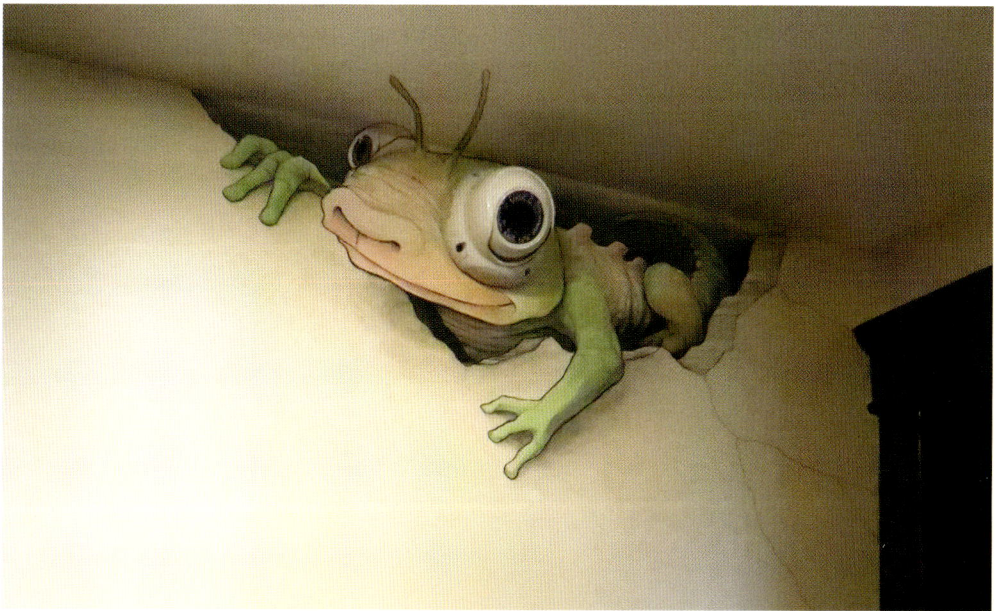

Monitor-Eidechse
Ypsilanti, Michigan

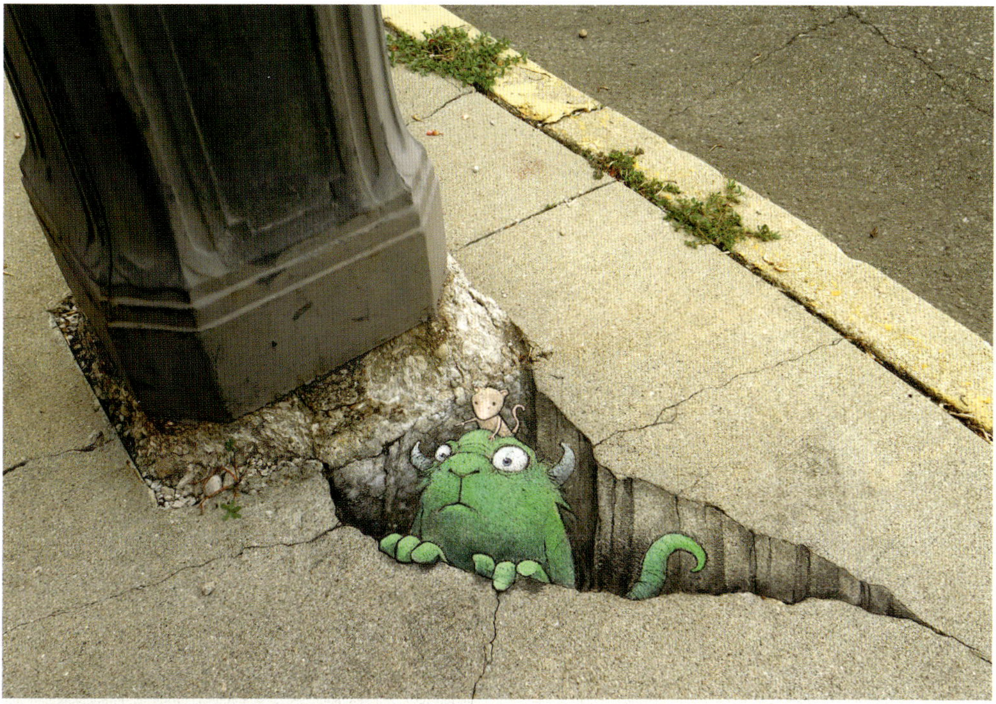

Ich weiß nicht, was das für eine Kreatur ist, aber offensichtlich stand etwas noch viel Seltsameres hinter meiner linken Schulter, als ich dieses Bild aufnahm.
Columbus, Indiana

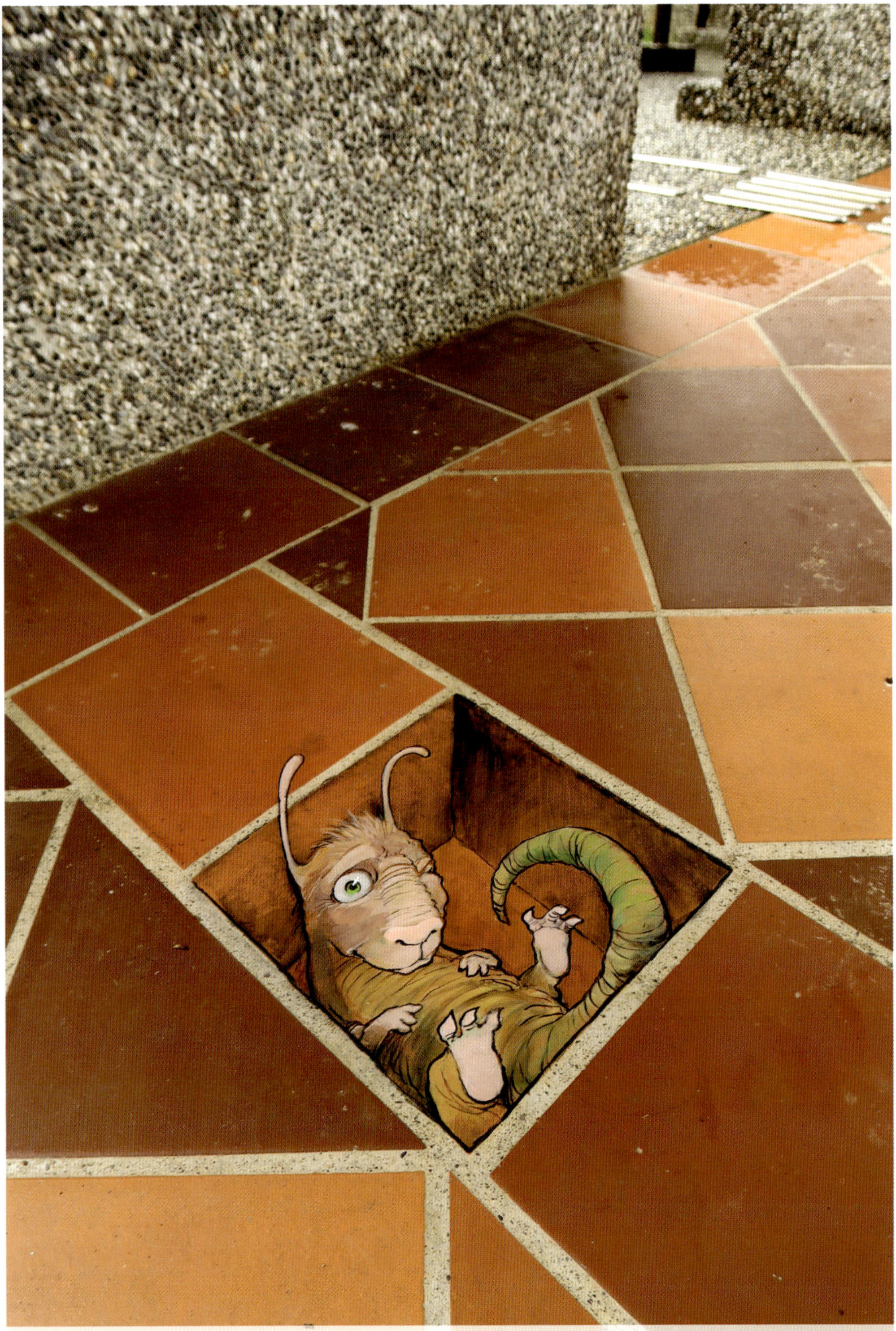

Kängechse schlägt zurück.
Chiayi, Taiwan

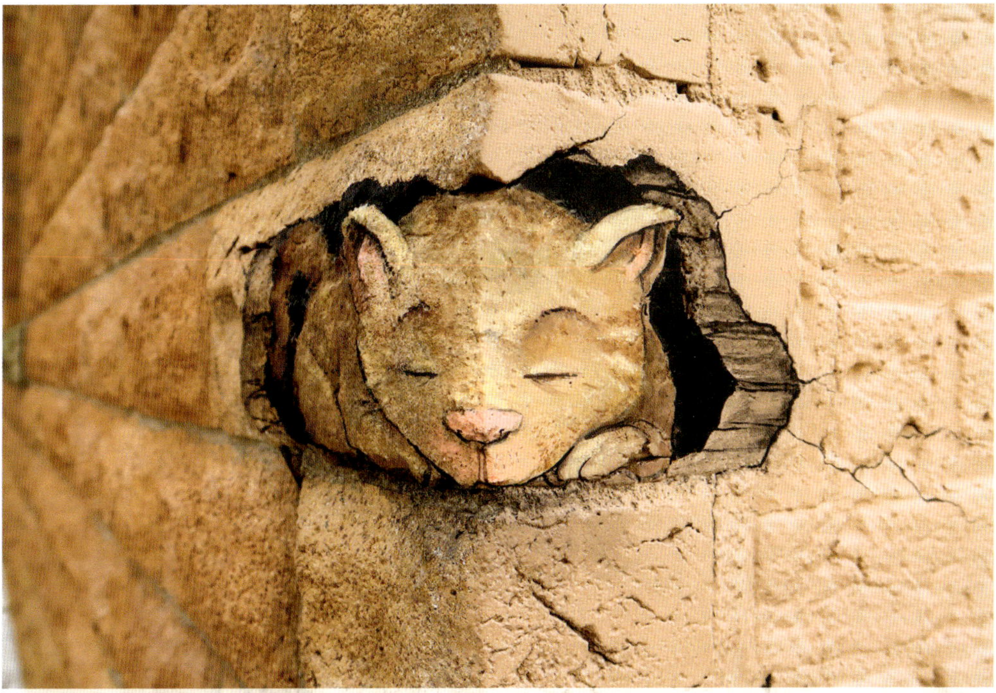

Die Katze an der Ecke
Columbus, Indiana

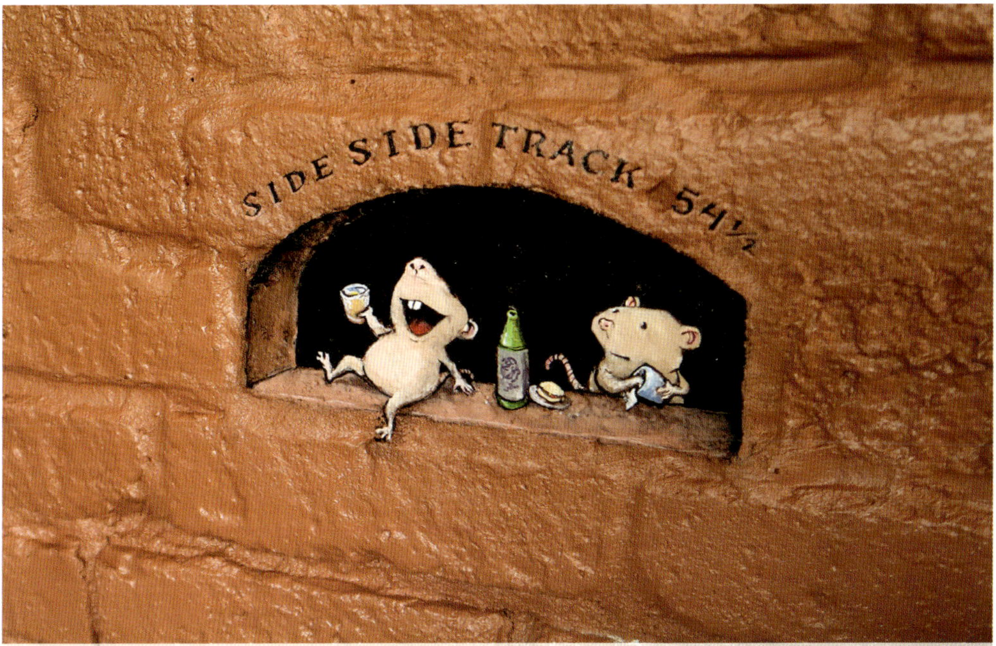

Happy Hour mit Dreikäsehoch-Schoppen
Ypsilanti, Michigan

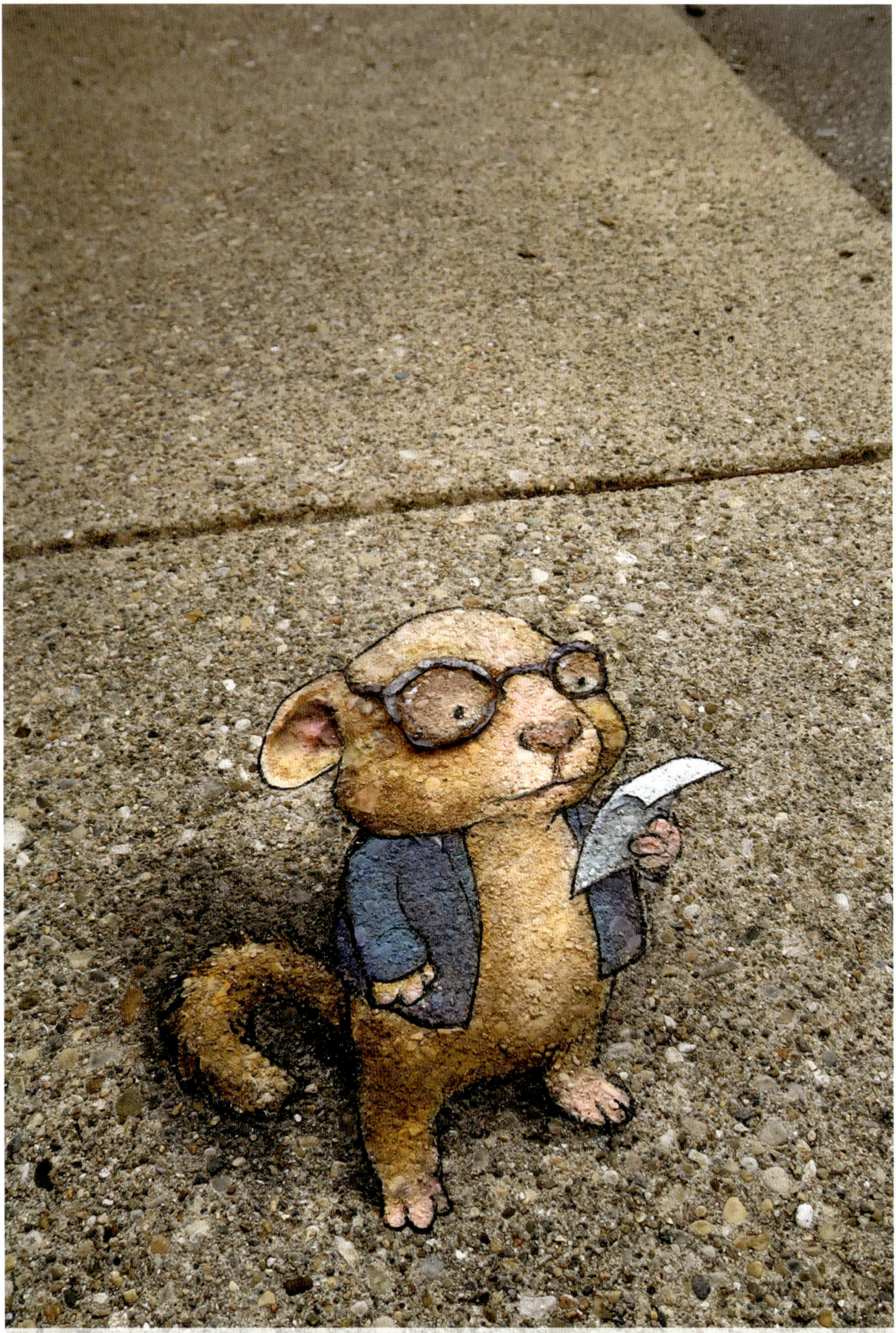

Bennys neue Brille
Columbus, India

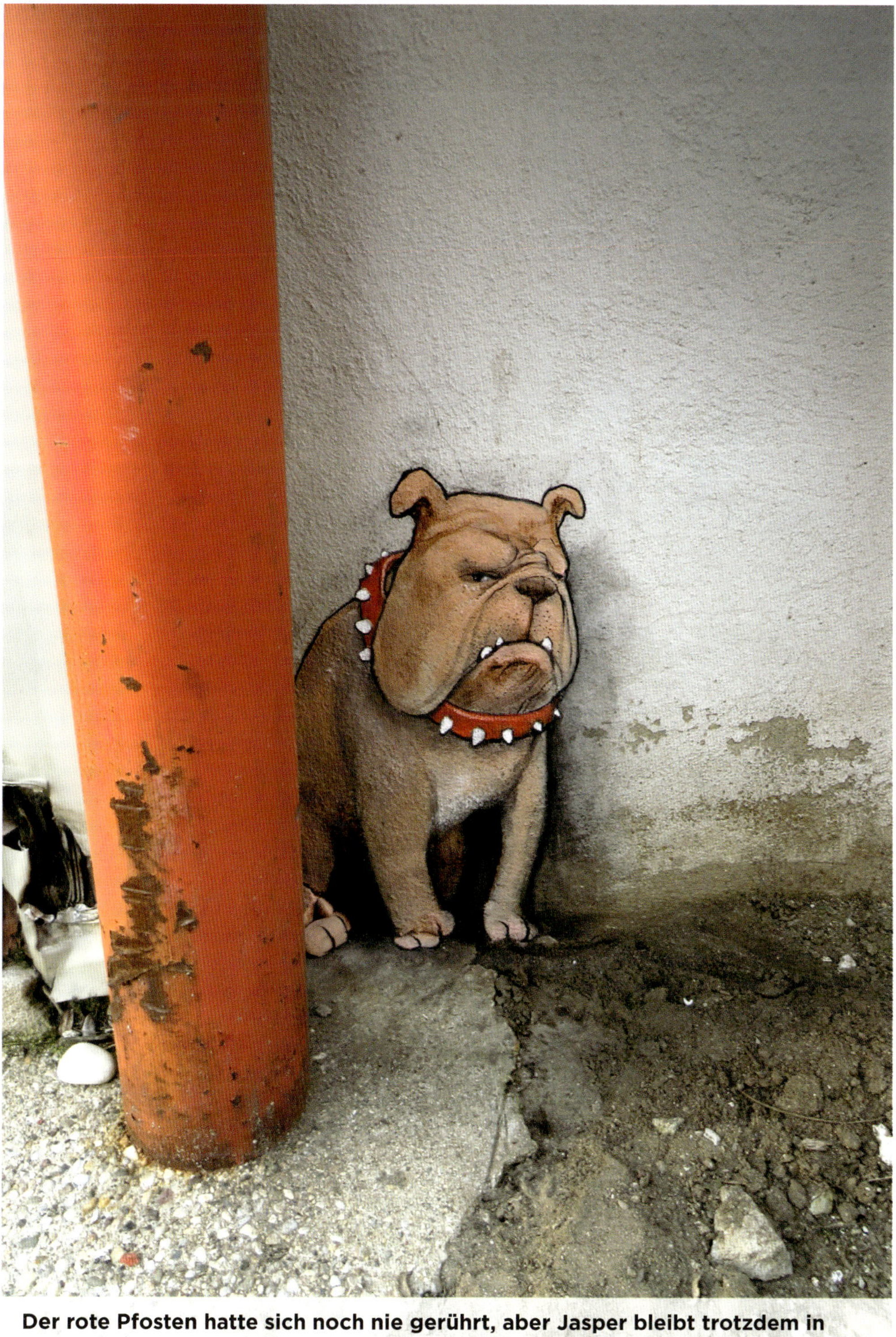

Der rote Pfosten hatte sich noch nie gerührt, aber Jasper bleibt trotzdem in Alarmbereitschaft. Bulldoggen von Vicksburg (1 von 4)
Vicksburg, Michigan

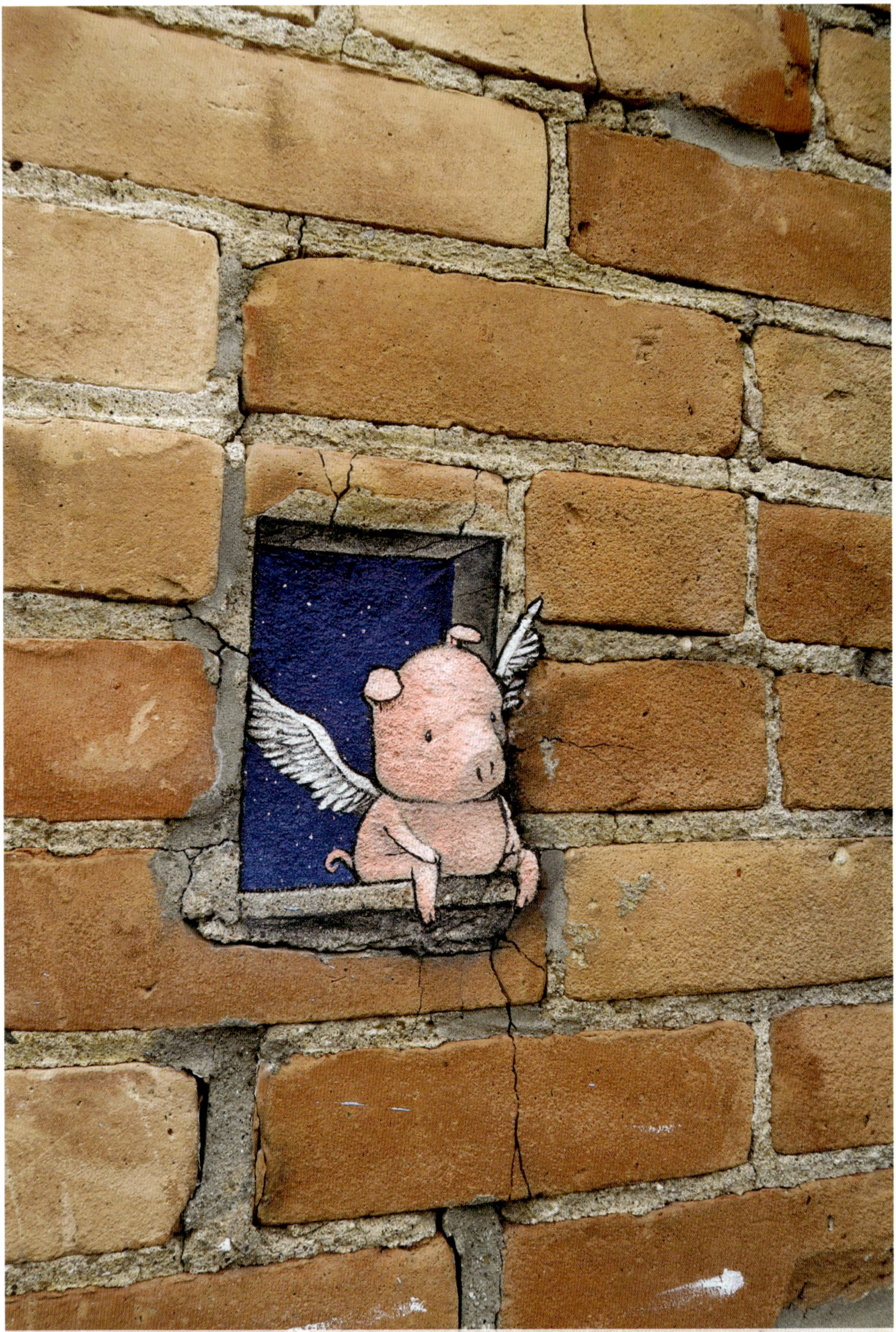

Unwahrscheinlichkeitswache (Einbruch der Dunkelheit)
Ann Arbor, Michigan

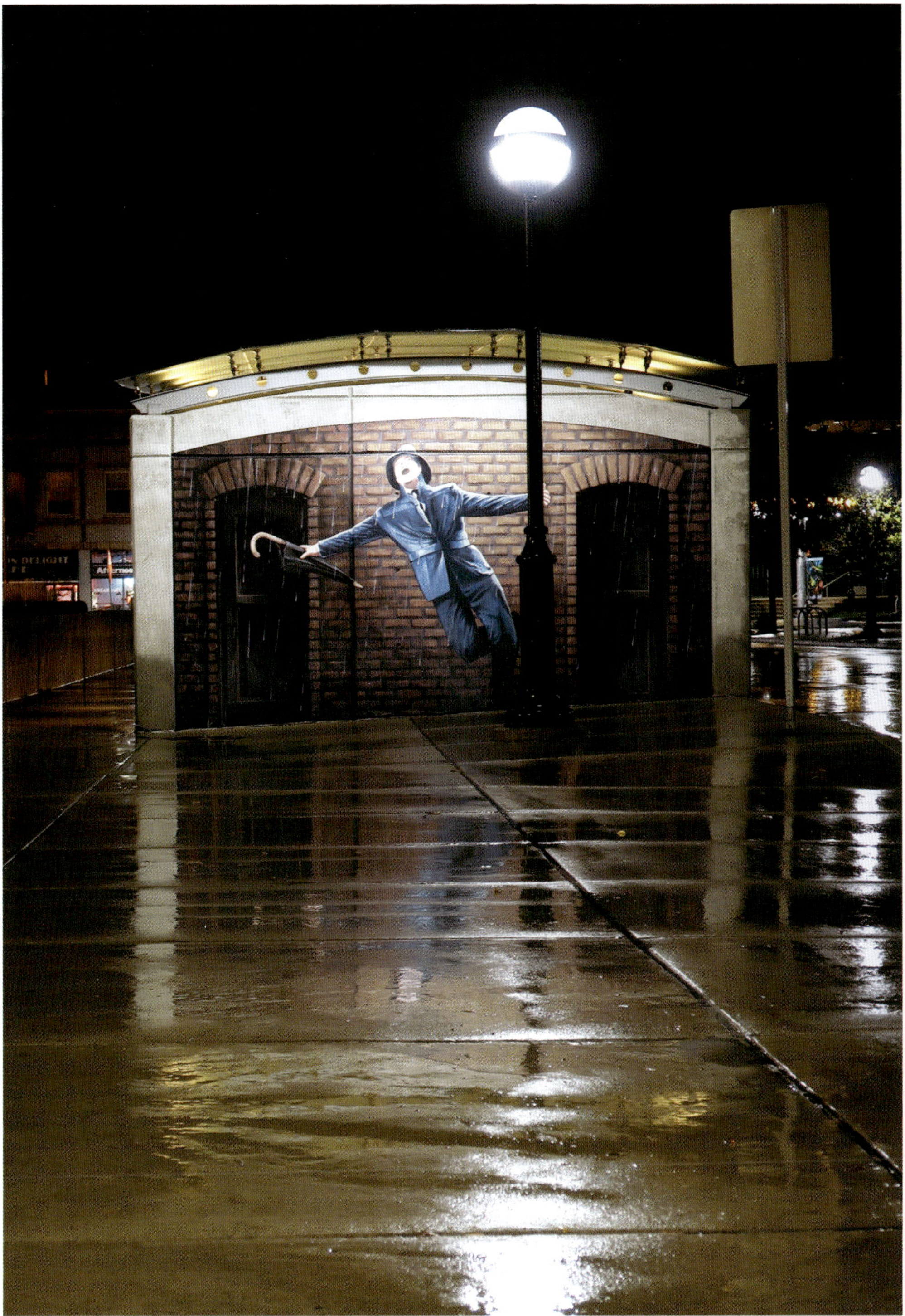

Wolken? Da kann der nur lachen!
(in Zusammenarbeit mit John Copley und einem Lampenmast in der Nähe)
Ann Arbor, Michigan

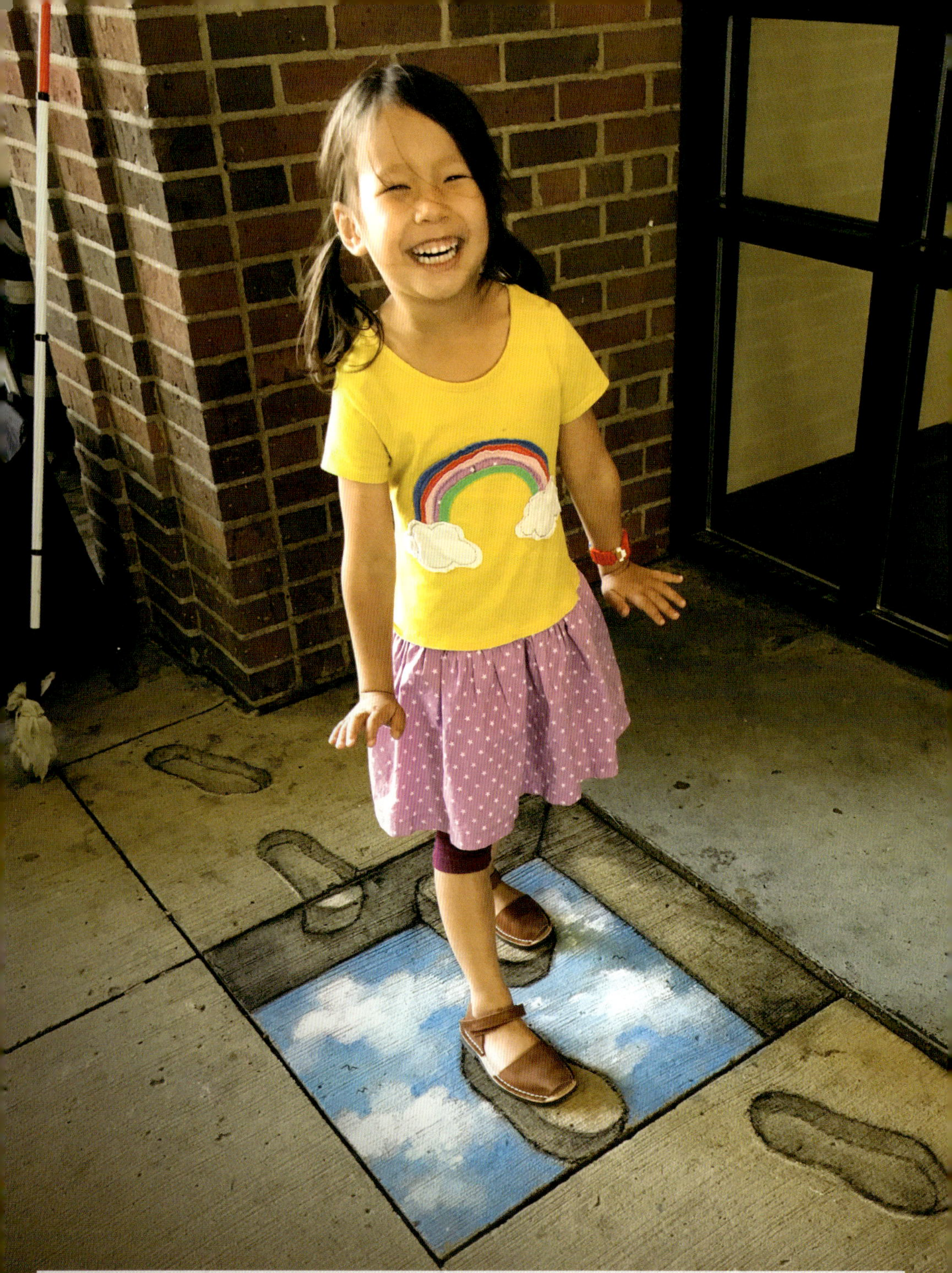

Ich habe diese Straßenzeichnung als Teil einer Reihe fußabdruckbasierter Installationen gemacht, und als ich fertig war, fühlte sich das Ganze eigenartig leer und traurig an – wohl weil ich weder Zeit noch Platz gehabt hatte, ein fantastisches Geschöpf hineinzusetzen. Dann aber wurde mir plötzlich klar, dass die ganze Zeichnung geduldig darauf gewartet hatte, bis dieses strahlende, herzige Kind einher kam.

Ich denke, dass die hieraus zu ziehende Lehre – frei nach dem Michigan-State-Motto – diese ist: „Suchst du fantastische Geschöpfe, dann schau dich um."

Warum Kunstschaffen im öffentlichen Raum?

Es gibt zwei sehr gute Gründe dafür, Kunst draußen auf der Straße zu schaffen. Der erste ist der, dass Streetart einen Prozess entmystifiziert, der meiner Meinung nach sowohl zu gering als auch zu hoch eingeschätzt wird. Wir stellen uns Künstler als Menschen abseits der konventionellen Gesellschaft vor, die auf theatralisch verwahrlosten Dachböden stirnrunzelnd vor ihren farbverkleckerten Leinwänden stehen; entweder beneiden wir sie ob ihrer exotischen Existenz, oder wir atmen erleichtert darüber auf, dass wir ganz „normal" ausgefallen sind.

Die Wahrheit ist, dass „Künstler" als Berufsbezeichnung nicht einmal notwendig ist. Wenn Kunstschaffen dein Beruf ist, dann gibt es einen Namen für die Art von Kunst, die du schaffst: Du bist Maler, Bildhauer, Tänzer, Komödiant, Dichter. Dasselbe trifft auf Wissenschaftler zu, die sich selber nach der spezifischen Art ihrer jeweils betriebenen Wissenschaft definieren. (Wenn du jemanden fragst, was er beruflich mache und er einfach sagt: „Ich bin Wissenschaftler", dann hast du höchstwahrscheinlich guten Grund, Verdacht zu schöpfen, was er dir verschweigt.)

Ich glaube, dass jeder von uns wissenschaftliche und künstlerische Instinkte im Kopf mit sich herumträgt. Wenn du einen heißen Ofen berührst, identifiziert der wissenschaftliche Teil deines Gehirns die Reaktion des Körpers, sucht nach der Quelle und unternimmt praktische Schritte, um Abhilfe zu schaffen. Indessen löst der künstlerische Teil deines Gehirns den komischen kleinen wütenden Tanz aus, den du vollführst, wie auch die kreative Tirade von Schimpfworten, die deinem Mund entfährt. Wird Letzteres dir helfen, dich in Zukunft vor Verletzungen zu schützen? Auf seine eigene Art, ja; ich glaube, dass es hilft.

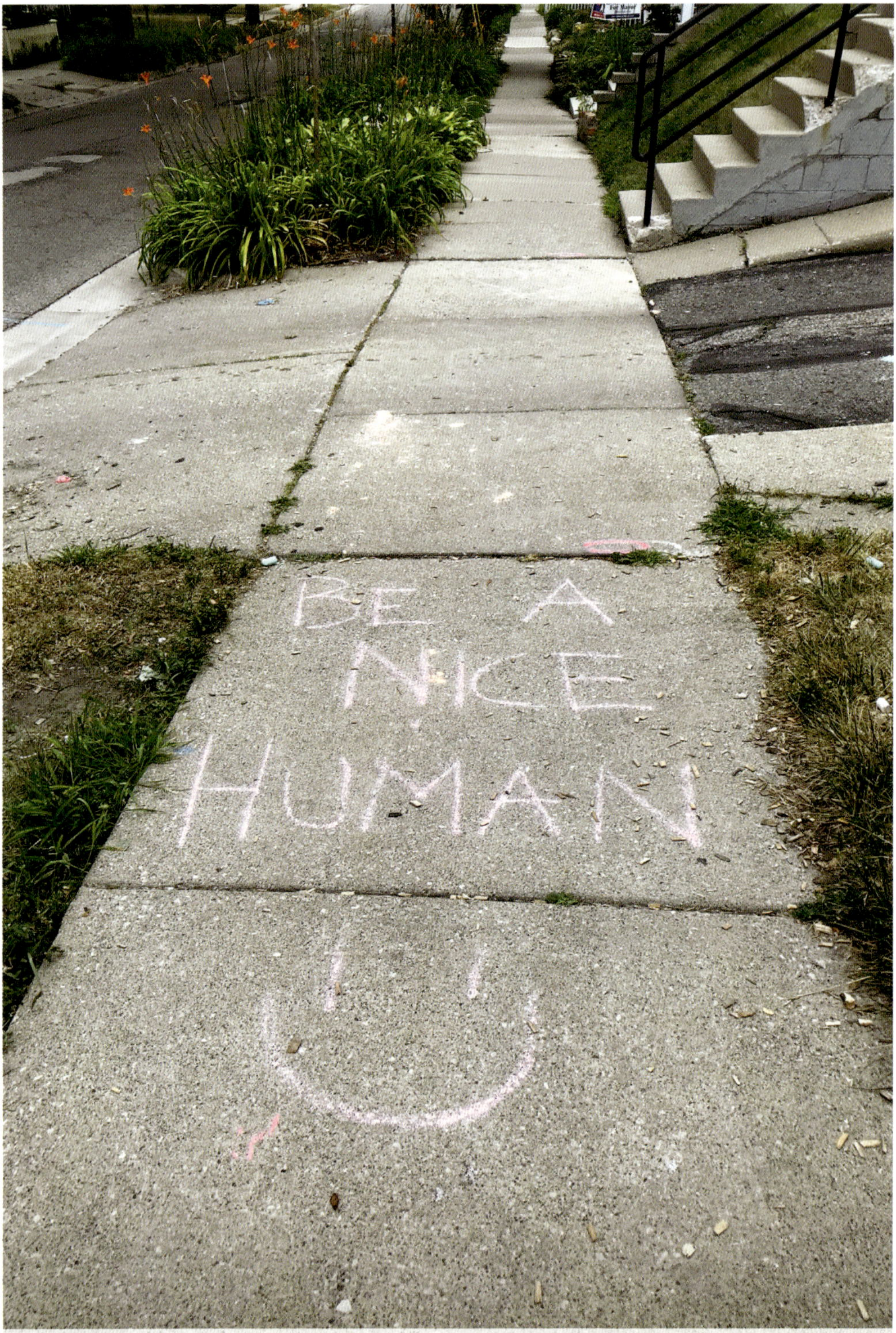

Sei ein netter Mensch.
(Künstler unbekannt)

Wie ich am Anfang dieses Buches sagte, haben wir als Kinder alle gemalt, doch die meisten von uns haben es dann unterlassen. Einige von uns mögen andere, ihnen mehr zusagende kreative Ausdrucksformen gefunden haben, und das ist in Ordnung. Aber ich mache mir Sorgen über die vielen Menschen, die mir auf der Straße begegnen und die offensichtlich glauben, nur professionelle Künstler hätten ein Recht darauf, Kunst zu schaffen. Ich betreibe Streetart mit einem Werkzeug, das die meisten irgendwann in ihrem Leben einmal benutzt haben und das heute noch bei vielen zu Hause in irgendeiner Schublade schmort; ich tue das in der Hoffnung, möglichst oft und überall genau das zu hören, was die meisten Kinder, die mir beim Zeichnen zuschauen, sagen: „Das will ich machen."

Der andere gute Grund dafür, Kunst im öffentlichen Raum zu schaffen, ist der Wunsch, Kunst in das tägliche Leben der Menschen einzuschmuggeln. Es bedrückt mich sehr zu sehen, wie die meisten von uns – mich eingeschlossen – Kunst konsumieren: Wir reisen zu einem Ort, wo es ein berühmtes Kunstmuseum gibt und nehmen uns mehrere Stunden oder einen ganzen Tag Zeit, um alles zu sehen. Wir schmieden Pläne und Strategien für unseren Besuch, wir laufen von einem Ausstellungsraum zum anderen und bleiben für die gefühlt angemessene Zeit vor jedem einzelnen auffindbaren Kunstobjekt stehen, so als würde der Alarm losgehen, wenn wir eins davon auslassen oder nicht lange genug an einer Stelle stehenbleiben. Diese ganze Zeit lang führen wir verhalten und respektvoll unsere Gespräche, oder wir grunzen nachdenklich vor uns her; wir folgen der Beschilderung, halten uns an die Regeln, und am Ende des Tages sind wir total erschöpft, alles tut weh, und wir kommen nicht schnell genug in unser „wirkliches" Leben zurück. Es mag sein, dass wir während dieses Besuchs vor dem erhabensten Kunstwerk aller Zeiten gestanden haben, aber sollte das nach dem dreihundertsten der besichtigten Objekte geschehen sein, dann hat es uns wahrscheinlich überhaupt nicht mehr beeindruckt.

Streetart wartet nicht auf deinen Besuch, und es ist ihr völlig gleichgültig, wie lange du sie betrachtest, wenn

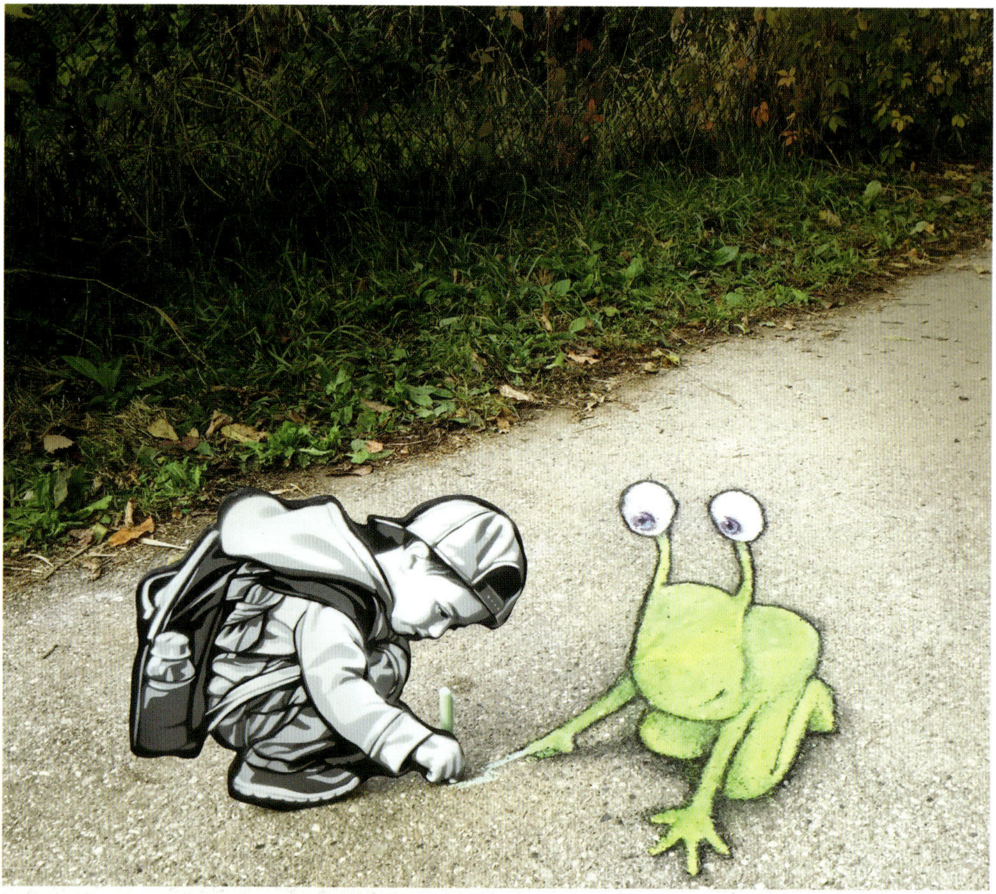

Brüder aus je anderer Perspektive
(Zusammenarbeit mit Joe Iurato)

überhaupt. Wie du ganz automatisch ein Wort liest, das in einer dir verständlichen Sprache geschrieben ist, so kannst du es auch nicht vermeiden, Kunst wahrzunehmen, die unerwartet inmitten deiner alltäglichen Routine vor dir auftaucht. Das mag dir gefallen, oder auch nicht, und in jedem Fall darfst du gern deine eigene Meinung dazu haben und diese lautstark jedem in Hörweite befindlichen Passanten verkünden. Du kannst auch einfach mit den Achseln zucken und das Gesehene sofort aus deinem Bewusstsein entlassen. Doch selbst dieses kleine Erlebnis wird zu einem Teil dieses einen Tages in deinem Leben und verändert dich im Stillen auf eine Art und Weise, die du gar nicht wahrnimmst. Dafür ist die Streetart da.

Bilder vom Ann-Arbor-Sommerfestival

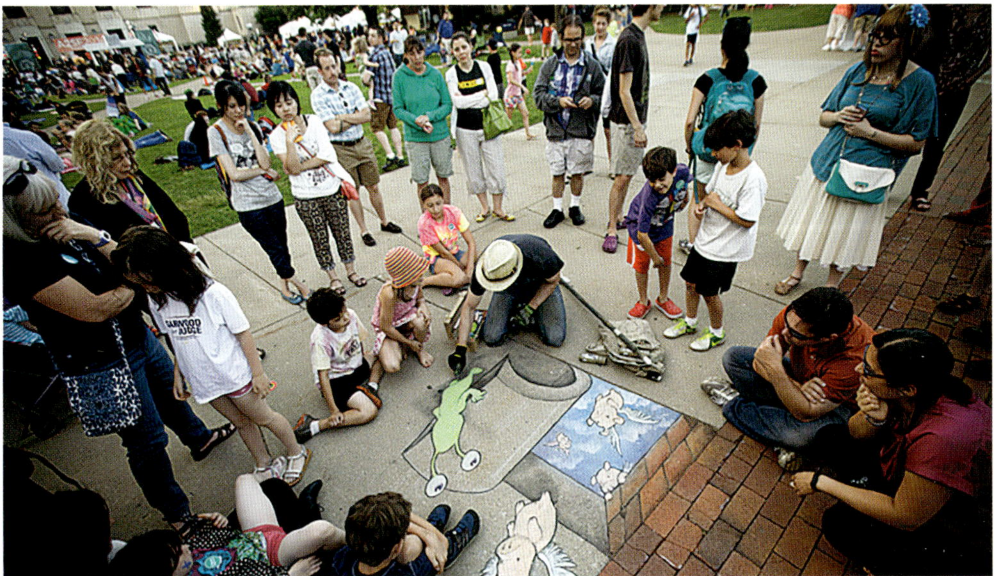

Festivalbesucher schauen dem Künstler bei der Arbeit an „Hier ist oben“ zu.

Chava Baum Ferrise schließt Freundschaft mit zwei Vorfahren aus der Steinzeit: Paleosluggo und Bouquetsaurus.

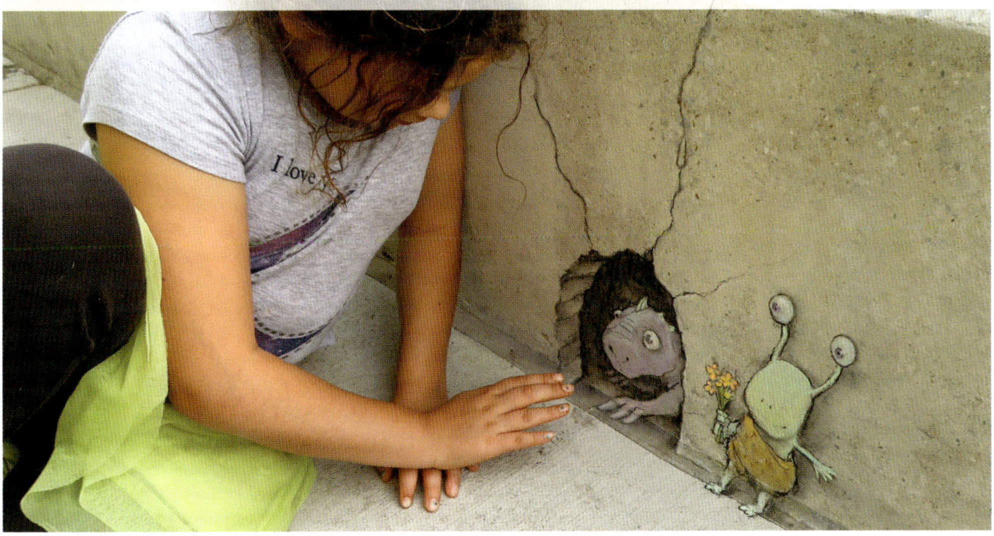

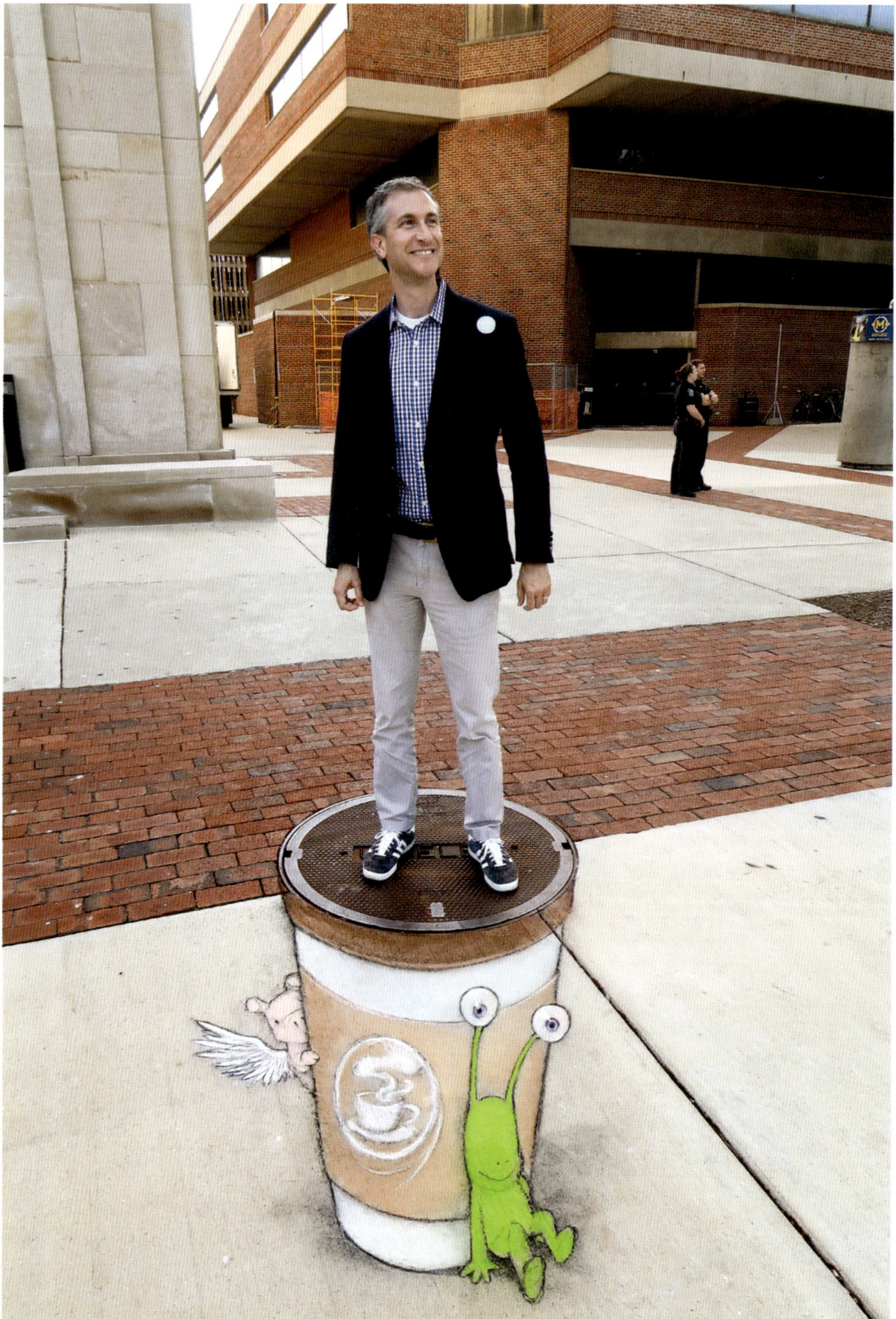

Chris Taylor, Bürgermeister von Ann Arbor, zeigt, wo er zur Kunst im öffentlichen Raum steht.

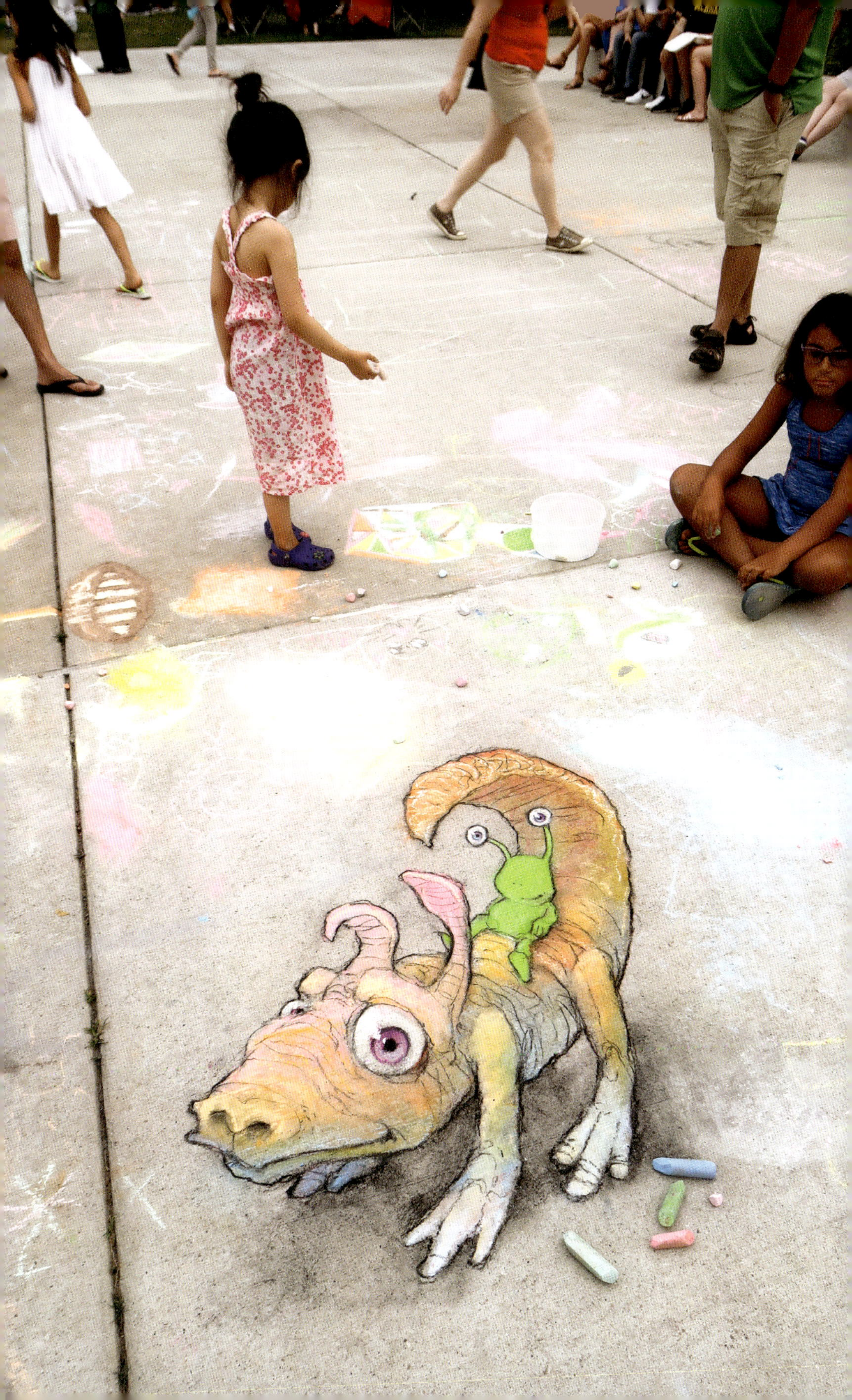

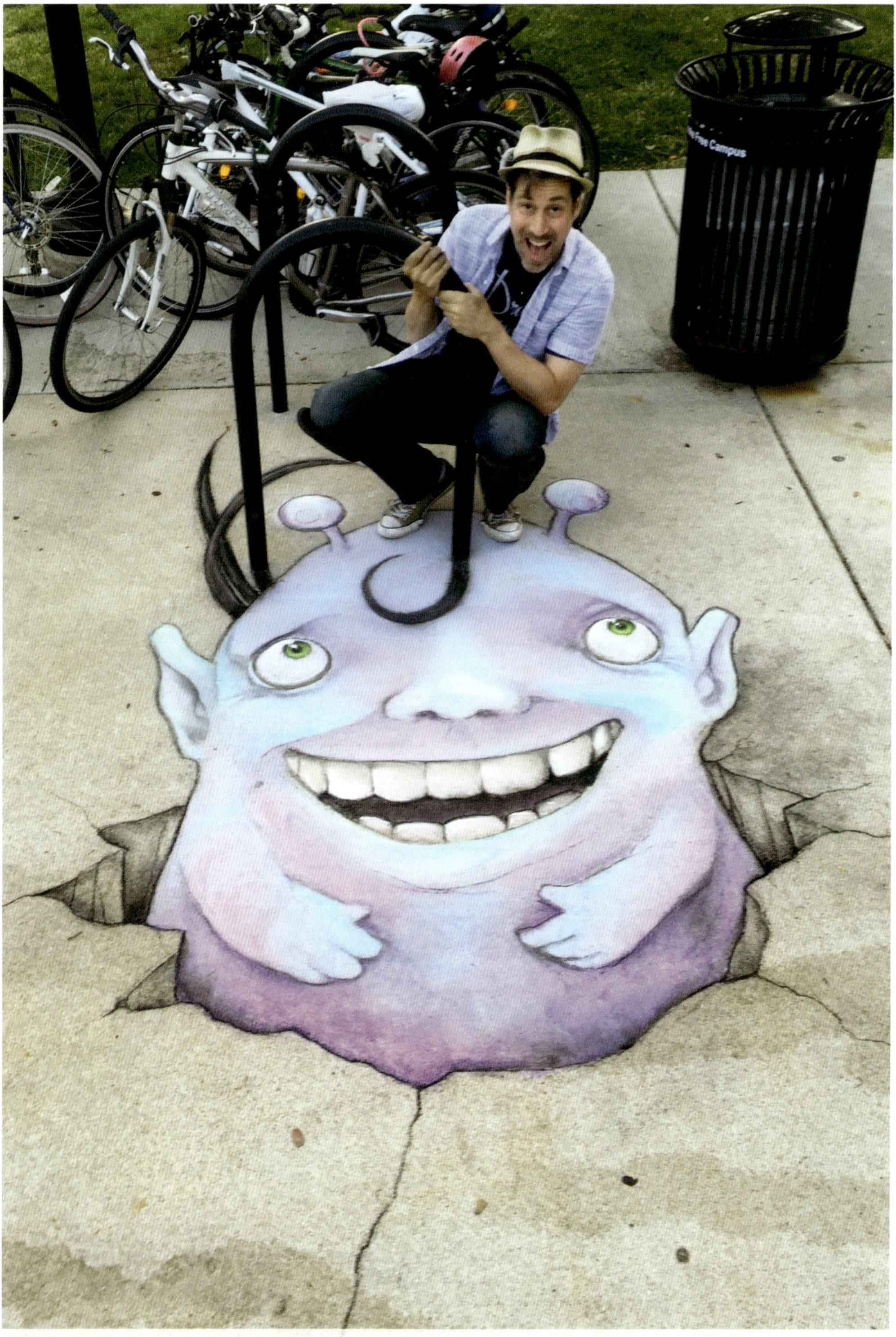

Der Künstler: David Zinn.
Foto: Jane Edwards

Der Künstler

David Zinn wurde in Ann Arbor, Michigan geboren, wo er heute noch lebt, obwohl er in einer nahegelegenen Wildnis aufwuchs, in der es ironischerweise keine gepflasterten Gehwege gab.

Herr Zinn ist seit seinem zwölften Lebensjahr, als sein Vater ihn dazu überredet hatte, Schildkröten für ein Computerhandbuch zu zeichnen, als Illustrator tätig. Er absolvierte ein Studium des Kreativen Schreibens sowie der Englischen Sprache und Literatur, was etwas nützlicher ist, als es klingt; er hat als Grafik-Designer gearbeitet, als Kinderradio-Moderator, als Umwelt-Karikaturist, Lkw-Maler, Zeitschriftenartikel-Vorleser für Blinde und Opernsänger (Bariton).

David begann seine Laufbahn als Streetart-Künstler im Jahr 2005. Seitdem hat er mehr als 350.000 Follower auf Instagram, Facebook und anderen sozialen Medien, und seine Zeichnungen sind weltweit erschienen in Graffiti Art Magazine, The Guardian, im Zentralchinesischen Fernsehen, in Highlights Magazine, Topolino, Kidsweek, La Republica, Yahoo, Colossal, Business Insider, La Boite Verte, Upworthy, Dorkly, Bored Panda und Archie McPhee's Endless Geyser of Awesome. Er hat temporäre und permanente Straßen-Installationen auf drei Kontinenten geschaffen und die restlichen vier bereits ins Visier genommen, auch wenn die Antarktis eine Weile warten muss, bis jemand dort einen Bürgersteig baut. Davids Arbeit ist auf zinnart.com und generell im Internet zu verfolgen – doch wenn du auf einen David Zinn stößt, der kürzlich einen Tony Award für Spongebob Squarepants gewonnen hat, dann ist das ein anderer.

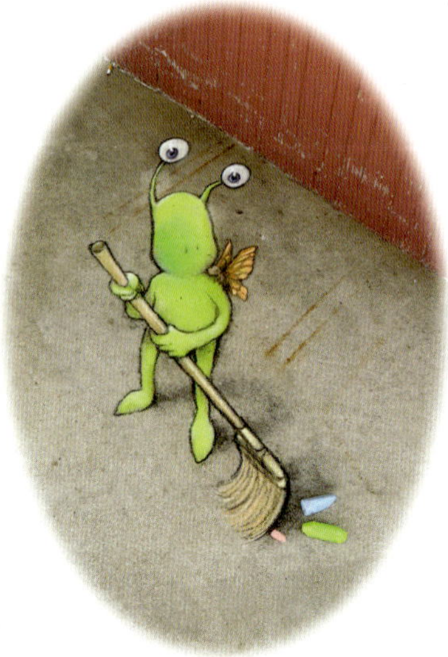

1. Auflage

www.mitteldeutscherverlag.de

Gesamtherstellung: Mitteldeutscher Verlag, Halle (Saale)
Lektorat: André Schinkel, Halle (Saale)

ISBN 978-3-96311-937-8

Printed in the EU